JN028561

AI時代の知的財産・イノベーション

早稲田大学次世代ロボット研究機構 AIロボット研究所
知的財産・イノベーション研究会、森康晃［編］

秋元浩、川端兆隆、國光健一、宋翰祥、戚昊輝、
野田真、濱田智久、馮超、藤末健三［著］

日科技連

序　文

1.　はじめに

　今、AIがどれだけ進化して人間にとって代われるのかという問題に、世界は直面している。2023年4月の東京大学や京都大学の入学式において、各総長がChatGPTについて言及された。このような近未来社会の現実が垣間見えてきた、と言っても過言ではない。AIによって自動車の自動走行が実現されたりクレジットカードの不正利用が検知されたり私たちの生活の利便性や安全安心が大きく飛躍することが予測されている。その反面、AIによる個人情報の不正利用や、もしかしたら、大学教授や弁護士などの職種もかなりの部分がAIにとって代わられるかもしれないという漠然とした不安感も、否定できない現実の問題になりつつある。

　深層学習(ディープラーニング)を中心としたAI技術の実用化は、それまでのイノベーションの延長線上にあるとはいえ、ロボットのような人間の知覚による作業を超えて人間の頭脳、認識、感覚や感情・心理に至るまでになってきている。21世紀は、20世紀に引き続きイノベーションの時代であり、インターネットの普及によるデジタル革命が浸透し、企業経営においてはデジタルトランスフォーメーション(DX)が最重要の課題となっている。他方、イノベーションにおいてもう一つ革命的な進化を遂げているといえるバイオ分野においては、遺伝子工学の発展により新薬の創出の有効性を高めるためにAI技術の活用が模索されており、医療・ヘルスケアの分野においては健康管理・服薬アプリやデジタルセラピューテクス(DTx)などのデジタルヘルスも続々と名乗りを上げてきている。2020年以降のコロナウイルスによって世界中の人々の安全、生活、経済は大きな打撃を受けたが、このようなパンデミックは今後も繰り返される可能性がある。こうしたパンデミック対策としても臨床開発において膨大なデータを有する製薬産業と独自の強みをもつIT産業などの

異業種が協業する動きも期待される。

　以上のように、21世紀のイノベーションの進化発展段階において AI 技術はビジネス環境を大きく変化させる要因となっており、企業経営においてはすでに AI を前提とした事業戦略、知財戦略の策定が求められている。新技術の発明によって日々新しい商品、サービスを e コマースによって家にいながら最短で手に入れて享受できる時代において、企業の競争は行われている。経済発展とはイノベーションの実行であることを主張したのはシュンペーターであるが、彼は、イノベーションについて、①新製品の導入、②新生産方法の導入、③新市場の開発、④新供給源の獲得、⑤新産業組織を実行することである、と指摘している。

　本書においては、今まさに花開こうとしている AI 時代において、ビジネスの最前線において理解しなければならないイノベーション論をケーススタディも含めて概説している。そして、イノベーションを実践していくうえでの手段としての知的財産戦略について、知的財産について初めて学ぶ方にとっても、企業や大学などでの実務を経験している方にとっても、体系的で理解しやすい実例に基づいたパッケージの提示によって、基礎から応用へと実践的に活用できる内容となっている。

2.　本書の構成

　第1章　AI と知財は、國光健一氏と濱田智久氏による共同執筆である。ビッグデータ、IoT というインターネットの普及後の情報通信技術とともに、AI、ロボットがコアとなる技術革新として第4次産業革命をもたらすと位置づけている。ディープラーニングを包摂する機械学習を概説し、機械学習とディープラーニングの違いなど誤解されやすい点についても要点の概説がなされている。そして、知的財産をあまり学んだことのない方に対しても理解しやすいように知的財産についての概説を行い、さらにビジネスで知的財産を活用するうえで事業戦略と知財戦略の違いや知財実務上の活用の類型を概説し、さらに、最新の課題である AI や DX と知的財産の関係において注意しなければ

ならないことも示されている。

　第2章　海外における AI と知財政策は、藤末健三氏による執筆である。日本、米国、イギリス、ドイツ、フランス、中国の AI 技術の研究開発動向や推進政策、関連法律を概説している。また、日本国内の AI 技術の発展に伴う発明、特許出願動向については、日本の特許庁の特許データベースに基づいた分析を紹介している。さらに、AI 活用の事例と 2040 年の未来の AI 活用の社会について、日本の各官庁の報告書をもとに概説している。

　第3章　イノベーションと起業は、野田真氏による執筆である。イノベーションはハイテクの研究開発、活用によってもたらされるだけでなく、身近な生活の新しいニーズや仕事の改善を実現しようとする起業こそがその原点であることを具体的事例に基づいて示されている。劇的な変化を続ける AI 技術は、イノベーションと起業にインパクトを与え、社会、組織、個人にさまざまな価値をもたらしている。その際、古典的な知的財産権の保護によるクローズドイノベーションだけではなく、AI や IoT などの複合技術を最適な選択肢として他社との協業によって進めるオープンイノベーションのマネジメントについて概説されている。

　第4章　AI 時代におけるバイオビジネス特許は、秋元浩氏と川端兆隆氏による共同執筆である。バイオ分野の医薬品特許は医療制度や薬事行政との関係もあり、他の分野と大きく異なる点があるので、他分野との異なる点を中心に概説している。また、新薬創出の有効性を高めるための AI 技術の模索や医療・ヘルスケア分野におけるデジタルヘルスの動向についても紹介されている。なお、コロナウイルスなどの世界的なパンデミックへの対応として、従来電子・通信分野などにおいて主に用いられてきたパテントプールの手法の活用が検討される試みや、先進国と途上国間のライセンス供与などについての利害の対立や生物多様性条約の枠組みや動向についても概説されている。

　第5章　AI による知財権侵害の法的規制の考え方は、馮超氏の執筆である。中国における AI による知財権規制のモデルを検討するうえで、AI への法的規制についての米国、UNESCO などの国際機関が策定した AI 設計の倫理規

範などについて解説がなされている。AI に関する訴訟事例について知的財産権以外のものも含めて紹介したうえで、AI による著作権侵害のリスク、特許権侵害のリスク、商標権侵害と不正競争のリスクについて、中国や欧米における判決事例を紹介し、製造業者とユーザーの関係やアルゴリズムのブラックボックス的な特性から起こり得る悪影響や損害を最小限に抑えるための事業者としての留意事項についても望ましいあり方が示されている。

　序文を含め第 1 章から第 5 章まで、戚昊輝氏、宋翰祥氏には、監修である早稲田大学次世代ロボット研究機構　AI ロボット研究所　知的財産・イノベーション研究会のメンバーとして、本書の特徴の一つである中国のイノベーション、知的財産についての執筆、編集に参画していただいた。

3.　本書の使い方

　本書は、早稲田大学理工学術院(創造理工学部、基幹理工学部、先進理工学部)において知的財産やイノベーションの科目を講義する講師を中心に、AI ロボット研究所の知的財産・イノベーション研究会での議論を基に執筆されたものである。また、近年増加している外国人留学生にとっても、大学院入試や合格後の論文作成研究において研究計画書を作成する際にも参考となることへの留意も踏まえられている。

　本書で対象とする、ビジネスの最前線においてイノベーションを実践していこうとするビジネスマンや、大学院や大学あるいはこれから大学院や大学をめざそうとする人たちにとって有益な書となることを願ってやまない。

　最後に、日科技連出版社の石田新氏には、企画から校正にいたるまで多大なご尽力をいただき、この場をお借りして深く感謝申し上げる。

2023 年 6 月

早稲田大学次世代ロボット研究機構　AI ロボット研究所
知的財産・イノベーション研究会　代表

森　康晃

目　　次

第 1 章

AI と知財

　AI の登場は、産業構造に大きな変化をもたらしている。企業では、変化に即した新たな知的財産戦略に基づくビジネスが求められている。

　本章では、AI と知的財産の概要に触れつつ、AI 時代の知的財産戦略の基礎を学ぶ。

1.1　AI の概説

1.1.1　AI の現在

　2022 年現在は、第 4 次産業革命の時代と認知されている。第 4 次産業革命とは、「データ」をコア資源とすることにより[1]、第 1 次・第 2 次産業革命により生み出された大量生産可能な技術で満ちる現実空間と、第 3 次産業革命で創出された仮想空間との融合するパラダイム変化と考えられる。いわゆるサイバー・フィジカルシステム(Cyber-Physical System：CPS)[2]という概念に集約されている。

　サイバー・フィジカルシステムは、現実世界に対するセンシング(＝データの収集)とネットワーク空間上でのコンピューティング(＝計算やデータの意味理解)を再度、現実空間でのアクチュエーション(＝制御、フィードバック)から構成される、現実空間と仮想空間間の密な結合と協働による相互連関の仕組みである。

　図 1.1 は、内閣府による第 4 次産業革命の概要資料である[3]。ビッグデータや IoT(Internet of Things：モノのインターネット)、AI やロボットといったコア技術を駆使したサービス創出の時代とみることができる。そして本書の主題となる AI もその重要な構成要素である。

　AI は、そもそもの知能や知性の定義が難しいため専門家でも定義づけが難しく、統一的な定義は与えられていない。ただし、本章では「知的にふるまうコンピュータプログラムに関する技術」としたい。

　AI は、人間がコンピュータに対してあらかじめ分析上注目すべき要素をすべて与えなくとも、コンピュータが情報収集・学習することにより、一定の判断を行うことが可能となっている。加えて、従来のロボット技術も、AI によってさらに複雑な作業が可能となっているほか、3D プリンターの発展に伴い、省スペースで複雑な工作物の製造も可能となっている。

　第 4 次産業革命の技術革新は下記のメリットをもたらしている。

- 個々にカスタマイズされた生産やサービスの提供

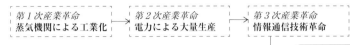

第1次産業革命
蒸気機関による工業化
→
第2次産業革命
電力による大量生産
→
第3次産業革命
情報通信技術革命

第4次産業革命
〈コアとなる技術革新〉
・ビッグデータ、IoT
・AI、ロボット等

〈新サービスの例〉
①データ活用によるカスタマイズ商品、保守点検、健康管理等
②自動車、住居等のシェアリング
③AIによる自動運転、資産運用等
④IT活用による新たな金融サービス（フィンテック）

データの解析・利用による新たな付加価値

需要者と供給者の迅速なマッチング

クラウドによるデータ保管費用の低下

再生産の限界費用ゼロ（ネット上のコンテンツ）

需要面
①新たな財・サービスの創出
②価格低下による需要喚起
③経済価値の把握が難しい個人の満足度の上昇

生産面
①需要予測やマッチングによる既存設備の稼働率向上
②AI等による業務効率化

働き方
①テレワークの普及
②余暇時間を活用した労働
③ハイスキルの仕事も一部がAIに代替

高齢者の生活
①自動運転による配車
②ウェアラブル端末による健康管理
③見守りサービス

出典）　内閣府：「日本経済2016-2017」、付図2-1

図1.1　第4次産業革命のインパクト

- すでに存在している資源・資産の効率的な活用
- 労働の補助・代替のさらなる加速

　企業などの生産者側から見れば、これまでの財・サービスの生産・提供のあり方が大きく変化し、生産効率性の向上が期待できる。また、消費者側から見れば、既存の財・サービスを、今までよりも低価格で、好きなときに、適量購入できるだけでなく、潜在的に欲していた新しい財・サービスをも享受できる。

　総務省「情報通信白書　令和2年版」によれば、近年データの流通量が爆発的に拡大しつつある。5Gや6Gなどの通信インフラの技術革新と相まって取り扱えるデータ量が増えることで、さらなるサービスの拡張につながるため、データ量の増加は加速度的に生じている。データ量の増加は、もはやヒトが処理するのではなく、AIによる解析作業の代替でないと対応できないことも、AIの重要性を高める一因といえる。

1.1.2　AI の技術概要

(1)　AI の種類

　現在は、2000 年ごろに幕を開けた第 3 次 AI ブームの時代といわれる。機械学習の登場に端を発する、前項で述べた「ビッグデータ」と呼称される大量のデータが生み出されるようになり、ビッグデータから AI 自身が知識を獲得する技術が実用化されたことで AI が注目された。

　さらには、知識を定義する要素である特徴量を AI が自ら習得するディープラーニングの登場がさまざまなビジネス用途に応用されることとなった。ディープラーニングは、AI の一分野である機械学習の一領域に位置づけられる。

　機械学習とは、「人が明示的に挙動を指示することなしにコンピュータに学習能力を与えること」であり、学習方法の種別には、「教師あり学習」、「教師なし学習」、「強化学習」の 3 つが代表例となる（表 1.1）[4]。

　前述の機械学習とディープラーニングの差異としては、学習方法の違いが挙げられる。機械学習は、コンピュータを動かすために人間の命令を必要とする。一方、ディープラーニングは、コンピュータが注目すべきポイントを入力データの中から探索し、自ら解析して学習を進める。この点が大きな差異といえる。ディープラーニングでは、人間の脳を模倣した「ニューラルネットワーク」というネットワーク構造を使用しているため、一般にディープラーニングがより人間の学習スタイルに近いといわれる。ただし、ディープラーニングにも使用するアルゴリズムに複数の種類があり、それぞれ得意分野が異なる。そのため、ビジネス現場に導入する場合には、適切なアルゴリズムの選定が重要となる。

(2)　AI の学習方法

　AI をビジネスで利用する際は、大きく「学習処理」と「推論処理」によって、AI を実用化していく。画像認識を例として、AI の実用化の流れを説明する。

　［学習処理］

　① 学習用データセットの準備

表 1.1 機械学習の主な種類

区分	説明
教師あり学習	• 正解（正しい出力）つきのデータを機械に学習させる方法 代表例： ✓データを入力すると、出力として数値を返す方法や予測するものが挙げられ、株価予測などで利用 また、データを入力すると、出力としてデータの属性や種類を返す方法ものもあり、メールソフトのスパム検知などに利用
教師なし学習	• 正解を必要とせず、膨大なデータから自動的に算出した特徴量から構造や傾向、法則などを導くことで機械に学習させる方法 代表例： ✓データを入力するとそのデータのグルーピング結果を返すクラスタリングといったもので利用
強化学習	• 自ら試行錯誤して最適な行動を見つける学習で、直近の目標を達成し、報酬を与えることで上達していく方法 代表例： ✓囲碁や将棋といったゲームなどで用いられ、プロ棋士顔負けの実績を築いている事例や、自動運転技術においても利用 ✓自動運転技術での応用例として、車幅に対して道路が狭く、車が密集した交差点というような難易度の高い問題に対して強化学習を利用して自動運転の方法を模索する事例が存在

まず学習用に画像データを準備する。このデータは画像の意味づけを行う「ラベル」を付与することで教師ありデータとする。

② 学習を通じた学習済み AI モデルの作成

学習用データセットを機械学習やディープラーニングに入力し、学習をさせることで、学習済みの AI モデルを生成する。

［推論処理］

③ 学習済みモデルを用いた推論

ここで、未知の画像データを学習済みモデルに入力すると、当該画像データから特徴量を抽出する。この特徴量から近似しているものを選ぶことで画像内データが何かを特定することを認識することが推論処理となる。

　ディープラーニングは上記の学習過程を踏むことから、学習用のデータの量が多ければ多いほど精度は上がるとされ、このデータ量が少ないと性能が出ずに、推論結果のチューニングが困難になるという特徴が挙げられる。このことからは、大量のデータさえあれば、従来の機械学習などではできなかった複雑な扱いづらいデータも処理を行うことが可能になった点が、ディープラーニングの利点と考えられる。次節においてはディープラーニングを含む、AI のビジネス適用の事例を確認していく。

1.1.3　AI の市場

　AI の全世界市場規模は、大幅な成長が見込まれることが、さまざまな研究で示唆されている。市場調査会社 IDC によれば、世界の AI 市場が 2024 年までに 5 兆米ドルを超える規模に達し、2030 年までに 1.5 兆米ドルを超える規模に成長することが示唆されている[5]。

　また、AI のユースケースや機能として、画像認識や音声認識、テキスト・マイニングなどがある。ITR の調査によれば、機械学習プラットフォーム、時系列データ分析、検索・探索、翻訳、テキストマイニング/ナレッジ活用、音声合成、音声認識、画像認識の AI 主要 8 市場全体における日本の 2020 年度の売上金額は前年度比 19.9% 増の 513 億 3,000 万円となり、2025 年度には 1,200 億円に達すると予測されている[6]。市場別では、AI 環境の自作を支援する機械学習プラットフォームの増加が最も見込まれる。

　総務省は、「AI 関連市場においては、AI システム・ソフトウェアを提供する事業者や、NVIDIA など AI チップセットを提供する事業者などの主要プレーヤーが存在している。また、近年では、Microsoft や Google などの大手プラットフォーマーの参入や、チップセットメーカーなどのプレーヤーの事業領域の拡大など、新たな変化が起こりつつある。AI 関連市場では米国または欧州を本社としている事業者が多い。また、中国の AI 市場の成長も注目されており、2020 年から 2025 年までの CAGR が 24.4% になり、2025 年の市場規模が 2 兆 1,414 億円を超え、世界市場の 8.3% を占めて 2 位のシェアになる。」

と予測されている。AI関連企業への投資も活発化しており、スタンフォード大学が公表した報告書「Artificial Intelligence Index Report 2022」では、2021年に新たに資金調達を受けたAI企業数は、米国が299社で1位、中国が119社で2位になっている。」と言及されている[7]。

1.2 知的財産の概説

本節では、AI時代における知財戦略を紐解いていくうえで、まずは知的財産および知財戦略に関する概説を先行して説明する。

1.2.1 知的財産とは

知的財産(以下、知財)とは、「発明、考案、植物の新品種、意匠、著作物その他の人間の創造的活動により生み出されるもの(発見又は解明がされた自然の法則又は現象であって、産業上の利用可能性があるものを含む。)、商標、商号その他事業活動に用いられる商品又は役務を表示するもの及び営業秘密その他の事業活動に有用な技術上又は営業上の情報をいう。」(知的財産基本法)である。また、知的財産権(以下、知財権)とは、「特許権、実用新案権、育成者権、意匠権、著作権、商標権その他の知的財産に関して法令により定められた権利又は法律上保護される利益に係る権利をいう。」(知的財産基本法)である。

知財権の制度は、知的創造活動によって生み出されたものを、創作した人の財産として保護するための制度である[8]。

知財は、無形資産の概念に含まれる知的資産の下位概念にあたる。無形資産は有形資産の対をなすものであり、端的に述べれば資産の要件を満たすが実体のない非金銭的資産を指す。知的資産ではない無形資産の代表例としては、借地権や電話加入権が挙げられる。

無形資産に含まれる知的資産には、知財の他に、人的資産や組織力、経営理念や、クライアントとの関係性、技能などが挙げられる。さらに知的資産は、権利化による法の保護を受けている知財権の他に、ブランドや営業秘密、ノウハウなどが挙げられる[9]。

知財の特徴の一つとして、「もの」とは異なり「財産的価値を有する情報」であることが挙げられる。他方、情報は、容易に模倣されるという特質をもっており、しかも利用されることにより消費されるということがないため、多くの者が同時に利用することが可能である。こうした特性より、知財権制度は、創作者の権利を保護するため、元来自由利用できる情報を、社会が必要とする限度で自由を制限する制度であると換言できる。

1.2.2 知財権の種別とAIやDXの保護例

知財権は、特許権や著作権などの創作意欲の促進を目的とした「知的創造物についての権利」と、商標権や商号などの使用者の信用維持を目的とした「営業上の標識についての権利」に大別される。また、特許権、実用新案権、意匠権、商標権および育成者権については、他人が独自に創作したものであっても、客観的内容を同じくするものに対して排他的に支配できる「絶対的独占権」といわれる。

一方、著作権、回路配置利用権、商号および不正競争法上の利益については、他人が独自に創作したものには及ばない「相対的独占権」といわれる区分がなされている（表1.2）。

主な権利のAIやDXでの保護事例は下記のとおりである。

① 特許権（特許法）

AIやDXでの保護の代表例としては、プログラムやDXに関するソリューションが保護対象となり得る。

② 実用新案権（実用新案法）

実用新案は物品を前提としている点が、AIやDXに関連するサービス文脈では保護の対象となりにくい点は留意すべきであろう。

③ 意匠権（意匠法）

AIやDXでの保護例としては、Webやインターフェース上のデザインは保護対象となり得るため、積極的に活用できる部分である。

表 1.2　知財権の種類

区分		権利	主な保護対象
知的創造物についての権利	絶対的独占権	特許権	発明
		実用新案権	物品の形状などの考案
		意匠権	物品・建築物・画像のデザイン
		その他(育成者権)	植物の新品種
	相対的独占権	著作権	文芸・学術・美術・音楽・プログラムなどの精神的作品を保護
		営業秘密	ノウハウや顧客リストなどの技術・営業上の情報
		その他(回路配置利用権)	半導体集積回路の回路配置の利用
営業上の標識についての権利		商標権	商品・サービスに使用する標章
		商号	商号
		商品等表示	周知・著名な商標など
		その他(地理的表示)	品質、社会的評価その他の確立した特性が産地と結びついている産品の名称

④　著作権(著作権法)

AI や DX での保護例としては、ソフトウェアやデータセット、ソースコードが該当する。

⑤　営業秘密(不正競争防止法)

AI や DX での保護例としては、AI システムの設計書や要件定義書、アルゴリズムが営業秘密となり得る。営業秘密とするには、事業上の有用性をはじめ、秘密として管理される秘密管理性と公然と知られていない非公知性の 3 要件を満たす必要がある。

⑥　商標権(商標法)

AI や DX での保護例としては、アプリケーションに利用するアイコンなどが認められるケースがあり得る。

1.2.3　経営における知財戦略

本項では、上述した知財権を含む、知財をどのように経営資源として用いて、事業を優位に進めるかに係る知的財産戦略（以下、知財戦略）を概説する。

まず、知財戦略が経営においてどのような位置づけであるかを確認する。経営理念やパーパスの下で、どこをめざしていくかを示すビジョンや、何を行うべきかのミッション、そしてどのように実現していくかの全社戦略やバリューが規定される。この全社戦略に基づいて、ビジネスユニットなどの事業部門が、事業単位での目標や施策を定める事業戦略を立案する。さらに事業戦略を実現するために、営業や技術開発、商品/サービスの方向性を示す必要があり、これが機能戦略と位置づけられている。知財戦略は、この機能戦略の一部を構成するものであると考えられている。

したがって、知財戦略は事業戦略との整合を意識して策定されなければならない。また、知財戦略を遂行する組織（一般に知的財産部が所掌）は、知財戦略に基づいた知財機能を整備し、知財機能に対応する管理・業務方針を定める必要がある。知財管理・業務方針をもとに、人材やシステムを含む知財業務基盤が存在するという構造が一般的である。

図1.2は、知財戦略の位置づけと知的財産部の主要機能を示している。

図1.2　知財戦略の位置づけと知的財産部の主要機能

1.3 知財戦略の理解

1.3.1 知財実務上のオープン & クローズ

　知財実務上のオープン & クローズとは、前述の大論点である企業が有する知財について、特許権などの知財権を取得するか否かの判断を意味する。つまり、オープン化とは特許出願して権利化することを示し、クローズ化とは自社内でノウハウとして秘匿管理することを指す（表1.3）。

1.3.2 知財戦略上のオープン & クローズ

　企業が競争優位性を保つために有効な施策として、企業が生み出した技術を他社に利用させるオープン戦略と、自社で独占するクローズ戦略を組み合わせた「オープン & クローズ戦略」が注目されている。

表1.3 知財実務上のオープン & クローズのメリット・デメリット

	メリット	デメリット
オープン （権利化）	• 一定期間、法により認められた譲渡可能な排他的独占権を取得可能 • 実体審査を通じて権利の内容が明確化し、公開・登録により権利の存否および権利者を明示可能 • 権利活用によりライセンスやパテントプール、標準化を利用したロイヤルティなどの収益を獲得可能 • 発明者のインセンティブ（実績や報奨金など）化が可能	• 特許査定・登録の成否にかかわらず、原則公開となるため、他社に開発動向を把握されたり、模倣されたり、周辺特許を取得される可能性が発生 • 権利期間満了後は誰でも使用可能 • 一般的に営業秘密と比較して維持・管理コストが割高となる傾向
クローズ （秘匿化）	• 保護期間に制限がなく、長期的に技術を秘匿可能 • 自社の研究開発の方向性を秘匿化可能 • 特許になじまないノウハウも営業秘密として保護対象化可能 • 一般的に権利化と比較した場合、低コスト	• 第三者による独自開発やリバースエンジニアリングによって、独占できなくなる可能性が否定できない • 適切な情報管理ができていない場合、営業秘密としての法的保護を受けることができない • 発明者のインセンティブになりにくい

　知財戦略上のオープン＆クローズ戦略は、特許権の有無に関係なく、保有する経営資源に関する戦略である。オープン化は第三者に対して使用を許諾すること、クローズ化は第三者に使用を許諾せずに所有者自身のみが独占実施する状態を指している。「協調領域における市場拡大・エコシステムの構築」と、「競争領域における競争優位性・シェアの向上」を両立させるための高度な戦略であるといえる。

　知財戦略として実際に活用するためには、ビジネスモデルとしての収益源を明確化したうえで、オープン領域とクローズ領域を明確に切り分けて実行していく必要がある。ビジネスモデル上の収益源の設定が曖昧であったり、オープン領域とクローズ領域の切り分けが曖昧であったりした場合、戦略が機能しないだけでなく、自社のコア領域を守ることができなくなってしまう諸刃の剣となり、すべての競争優位性を失いかねないリスクがある。

　とりわけ、AI(DX)においては、オープン戦略が重要である。AIやDX事業に必要な要素技術をすべて自社単独で賄うことは現実的ではない。あくまで自社のコアバリュー・コア技術が何かを見定めたうえで、オープンソースの利活用や、クラウド化によるオープン化、標準化、クロスライセンスといったパートナーを増やすことでのビジネスのエコシステムを形成することでの事業発展を企図することが望ましい。

　本項で述べた2つのオープン＆クローズを整理したものが、図1.3となる。

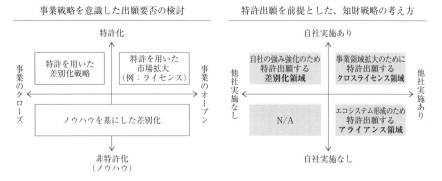

図1.3　事業と知財のオープン＆クローズを踏まえた戦略の考え方

なお、オープン＆クローズの考え方は、第3章も参考にしてほしい。

1.3.3　知財権の活用

　前項では、知財戦略の大論点である、権利化か秘匿化か検討する際の基本的な考え方を紹介した。この考え方を把握するためには、特に権利化によって何が可能となるのかを把握する必要がある。本項では、知財権の活用について特許権を中心に概説する。

　まず、表1.4を確認されたい。特許権の活用の大方針は3つあり、本項で解説する(1)自社事業の保護、(2)特許の収益化、(3)事業貢献に大別できる。近年の特許活用は自己実施や差し止め請求などによる自社事業の保護に留まらず、他社実施を通じロイヤリティを得るライセンスアウトや、IT企業などを中心とした事業自由度を確保するためのクロスライセンス、パテントプールや特許活用組織を介した特許の収益化などさまざまな形式で行われている。

(1)　自社事業の保護

　自社事業の保護を目的とする知財権の活用には、表1.4に示すように、主に自社実施と他社による権利侵害が確認された場合の対応としての差止請求権が挙げられる。また、他社の権利侵害が認められた場合には、損害賠償の請求が認められている。一般に日本のような大陸法系の流れを汲む国では、損害賠償の考えが損害の補塡である。一方英米法系においては、懲罰的な損害賠償金額が設定されることがあり、実際の損害額の3倍まで損害賠償が請求可能とする、いわゆる3倍賠償の考え方に現れているように、非常に高額な賠償金が発生しうる。こうした賠償金の存在も、他社による権利侵害を防ぐ抑止の一因と考えられる。

　ただし、前述のとおりAI(DX)ビジネスにおいて、自社単独ですべての知財を保有することは非常に困難である。そのため、自社のコアバリュー・コア技術に相当する点が何か、どこを特許として保護すべきかの見極めが必要となってくる点は特に留意すべきである。

表1.4　知財権の活用類型

活用方法例			概要
自社事業保護	自己実施		特許権を保有するものは、特許発明に関する製品を製造、販売などの事業をする権利を有する
	差し止め請求		特許発明に関する製品について他社の製造、販売などの事業を排除する権利を有する
特許収益化	ライセンス	クロスライセンス	自社の有する特許権と他社の有する特許権を相互に許諾しあう
		有償ライセンス	他社に特許権の実施権を有料で許諾する
		サブライセンス	他社に第三者にライセンス可能オプション付きのライセンス許諾をする
	特許譲渡	特許売却	他社に特許権を売却する
		特許活用組織の活用	特許活用組織に特許権を売却し、リカーリング（継続収益）で収益を得る
事業貢献	セールス/マーケティング支援	販売促進	特許PRによる販売促進を行う
		営業支援	特許権の存在を背景とした営業活動を行う
		プラットフォーム誘引	プラットフォーム参加者の知財リスク低減やオープン化によるパートナー誘引を行う
	事業提携支援	プラットフォームロックイン	パートナー領域技術の特許化によるパートナーのロックイン（他社製品・サービスへの乗り換えが困難な状態）を行う
		エコシステム保護	エコシステム参加者への知財訴訟支援を行う
		JV設立	JV（ジョイントベンチャー）に対し特許を現物出資、ライセンスすることで事業提携を行う

(2)　特許の収益化

　表1.4に示すように、特許の収益化は、主にライセンスと特許譲渡に大別できる。ライセンスはクロスライセンスや有償ライセンス、サブライセンスに区分される。クロスライセンスは自社の有する特許権と他社の有する特許権を相互に許諾しあうものであり、自社事業保護にも貢献するものでもある。特に、AI（DX）においては複数社とクロスライセンスすることで、事業の自由度が高

くなる点では有効と考えられる。とはいえ、自社のコア技術が相手方に渡らないようにクロスライセンスすることが知財戦略上の妙味といえよう。

　また、サブライセンスとは、通常の有償ライセンスとは異なり、他社にライセンスを与える際に、第三者へのライセンス可能オプションを付与するライセンス許諾をする類型である。

　また、特許譲渡は主に特許売却と特許活用組織の活用が挙げられる。

(3)　事業貢献

　事業貢献の観点は、AI(DX)では特に考えるべき活用方法であると考える。繰り返しになるが、いかにしてパートナーとなる企業を増やしていくかが、ビジネスの成長を考えるうえでの鍵となるためである。表1.4に示したように、この事業貢献は、自社のセールスやマーケティング支援と事業提携支援に大別できる。セールスやマーケティング支援では、主に特許権の存在を背景に技術PRをすることがある。自社のWebサイトにおける製品/サービスページに特許の公開番号や登録番号を記載することが散見される。また、広くWebサイトに公開せずとも、技術営業における資料に記載することがある。こうした技術PRを行うことで、他社との差別化要因として顧客の購買意欲を惹起させることを企図している。

　また、事業提携支援は、プラットフォーマーによる自社プラットフォームへのパートナー企業を囲い込むことやエコシステムの保護といった、比較的高度な知財活用の領域と考えられる。こうした事業貢献を目的とする知財活用は、IoTやAIなどの次世代産業の勃興によって生じた複数事業者によるビジネスに対してバックグラウンドIPや特許のPRを用いた協業促進の事例が増えつつあると感じられる。

　代表的な事例としてMicrosoftの協業促進事例を紹介する。2017年、Microsoft Azureを利用するアプリ等開発者(ユーザー)に対して、Microsoftが特許による保証を行うシステムであるAzure IP Advantageを開始した。Azureユーザーが第三者から訴訟をされた際には、Microsoftの10,000件の特許を用いて対抗することを認める制度である[10]。

　この仕組みによって訴訟リスクを低減することにより、Azure のユーザー増加をねらった制度であり、特に自社特許をもたないベンチャー企業などの誘い込みに有効とされ、ユーザー数増による収益増加と Azure の基盤技術化が見込まれる。

1.3.4　知財の調達

　知財の創出は、主に内部調達と外部調達の両面から検討される。

(1)　内部調達

　内部調達は主に自社内の研究開発部門によって実施される。知財戦略は、自社の強みを活かして、弱みを補完するために、自社の研究開発戦略とともに検討、または研究開発戦略に知財戦略の内容をフィードバックする必要がある。研究開発においては、自社の研究開発のリソースを勘案し、新規の研究開発テーマを定められる。

(2)　外部調達

　知財戦略や研究開発戦略においては、自社の事業優位性を確保するため、社外の知財を獲得することも検討する。自社の強みを活かせる技術領域は、内部で自前の研究開発を行いつつ、研究開発が遅くなる（＝自社の弱み）技術領域は、社外から社内に持ち込むといった基本思想を押さえるべきと考える。

　さて、社外からの技術調達のあり方は、大きく以下の 3 つがある。

① 　他社知財のライセンスを受ける。

② 　他社の知財を購入する。

③ 　他社の事業または企業を買収・出資や事業提携する。

　特に買収・出資は、知財の取得に留まらず、知財を生み出す能力の確保が期待できる。そのためには、相手方が保有する知財権や、相手方が行う知財活動に関して、法務、財務、ビジネス、技術などの観点から調査、検証を行う必要があり、この調査・検証を知財デューデリジェンスという。次節にて、知財デューデリジェンスの手法について述べる。

1.4　知財デューデリジェンス・知財価値評価の概要

1.4.1　知財デューデリジェンス

(1)　知財デューデリジェンスの目的と対象

　知財デューデリジェンス(DD)の目的と対象案件の主な類型としては、以下の5つがある(表1.5)。

(2)　知財DDの分析概要

　知財DDは、公開情報に基づくデスクトップDDと、内部資料にアクセスするオンサイトDDで構成されている。デスクトップDDにおいては、特許情報と非特許情報を組み合わせた分析を実施しオンサイトDDに向けた初期仮説を構築する。オンサイトDDにおいては、資料開示依頼とインタビューにより詳細な内部情報を分析し、知財関連リスクを洗い出したうえで、事業計

表1.5　知財DDの目的と対象案件の主な類型

目的	①　買収や出資の対象会社の保有知財について、技術・ビジネス・財務・法務的側面から精査し、知財に関するリスクを抽出し、契約交渉の材料および統合フェーズでの留意点を検出 ②　特に技術やブランドが競争上重要となる事業において、譲渡対象となる知財の特定、および事業に対する貢献度を分析し、競争優位の源泉を洗い出し、事業計画への影響を検討 ③　対象となる知財を獲得することにより、自社が買収前に検討していた事業戦略仮説が実現できるか否かを検討し、投資の意思決定の参考となる情報化

対象案件の類型	説明
技術獲得型	知財と将来収益の関係性、および事業計画の確からしさの判断が難しいケース
新規事業領域型	自社の事業に直接関連しない新規事業または垂直統合型などのケース
技術ベンチャー投資型	技術的優位性、および将来的な市場性の判断が難しいケース
カーブアウト案件型	移管対象となる知財の範囲や事業に関連する経営資源が特定できないケース
ライセンス案件型	ライセンス・イン(導入)において、事業上の優位性および技術的優位性などの判断が難しいケース

画との整合性を検討する。

　デスクトップ DD の主要分析項目は、事業概要分析や外部環境分析に加え、特許情報分析を実施する。特許情報分析では、特許情報に基づき、対象会社が保有していると想定される技術の仮説を構築し、研究開発の方向性と業界トレンドとの整合性を確認する。確認対象としては、特許出願/権利化動向、要素技術/技術ポートフォリオ、重要特許/基本特許/共同出願人/共有特許権者などがある。また、場合によっては論文をはじめとする非特許文献情報などを分析対象とすることがある。

　オンサイト DD の主要分析項目としては、以下の3点が挙げられる。

①　技術内容調査

　技術関連情報を確認することで、事業の継続性・成長性の観点から重要となる技術を特定し、事業計画との整合性を確認する。確認対象としては、要素技術、特許出願/権利化状況（未公開分）、開発ロードマップ/研究開発テーマ、技術・製造ノウハウ、生産プロセスなどがある。

②　技術経営資源調査事業

　研究開発の継続的発展のために必要な経営資源の確認を行い、その移管可能性、事業計画との整合性、PMI 上の留意点を検討する。確認対象としては、人的資源、キーマン、ライセンス契約、共同研究契約、研究開発/知財マネジメント体制などがある。

③　事業計画分析

　コストダウン計画や次世代製品の上市計画と調査結果の整合性、事業計画との整合性を確認し、必要に応じて修正事業計画を検討する。確認対象としては、事業計画、研究開発計画、財務・税務と、必要に応じて、修正事業計画シミュレーション、戦略オプションの実現可能性検討などがある。

(3)　技術ベンチャー投資特有の論点

　本項で述べたとおり、知財 DD の対象案件は類型化されており、類型によって独自の論点が存在する。ここでは技術ベンチャー投資特有の論点を紹介する。

　技術ベンチャー投資においては、対象会社となるベンチャーのコア技術およびコア技術に関する特許の特定、開発キーパーソンの特定、コア技術に関する競合他社と比較した技術優位性の検証が特に重要と考えられる。

　技術ベンチャーは、一般的に公開情報や特許が限られていることが多く、情報が取得しにくい傾向にある。そのため、例えば開発キーパーソンの特定を行う際には、時として論文分析を実施して、論文の被引用状況などからキーパーソンや他者からの注目度を把握するケースがある。

　また、スタートアップの場合、金融機関やベンチャーキャピタルによる知財権への質権の設定を通じた資金獲得がなされるケースがある。このように金融機関などが知財を担保に資金提供を行う場合にも、知財 DD を実施することが重要となる。なお、日本においては知財を担保にして資金調達をする事例は稀であるが、米国においてはベンチャー企業のみならず大企業においても知財を担保に資金調達をすることは珍しいことではない状況にある。

1.4.2　知財価値評価

　前項で紹介した知財 DD とともに語られるのは、知財の経済的価値評価、いわゆる知財バリエーション（知財 VAL）である。

　従前のオン・バランス目的の知財価値評価は会計目的に合致した価値評価である一方、ビジネス目的・内部意思決定目的の知財価値評価は、会計的手法を取り入れつつも、定性的評価の定量化、将来に対する予測などにより得られる「ベンチマーク」としての価値評価である点がポイントとなる。この知財価値評価は、知財戦略検討の一環としての価値評価、知財保有の意義を確認する手段としての価値評価、交渉における参考値としての価値評価として利用される。

（1）　知財 VAL の手法

　まずは、知財の価値評価手法を概説する。知財の価値評価を大別すると、一般的な価値評価同様、その知財を再度開発するのに必要な費用を見積り、その視点から検討するコストアプローチ、マーケットアプローチ、インカムアプローチが存在する。知財の特性に応じて適した評価手法を採用することとなる

表1.6　知財VALの主な分析手法

分析手法		分析手法	特徴
コストアプローチ		対象となる知財(特許権など)を研究開発するために必要なコストの金額で、価値を分析する方法	研究開発は不確実性が高く、同様の研究開発を行ったとしても同じ結果が得られるとはいえず、知財(特許権など)の分析には適していない
マーケットアプローチ		対象となる知財(特許権)と類似する知財(特許権など)の市場取引価格から価値を分析する方法	一般に、類似の知財(特許権など)が市場で取引されている事例はなく、採用するのは難しい
インカムアプローチ	ロイヤルティ免除法	対象の知財(特許権など)がなければ、外部に支払わなければならないロイヤルティの現在価値により分析する方法	類似ロイヤルティ分析などによりロイヤルティ料率の推定ができれば、売上計画などから分析が可能である
	利益分割法	事業から得た利益のうち、分析対象となる知財(特許権など)の貢献部分の利益を割り引くことで価値を分析する方法	事業利益(事業価値)と知財(特許権など)の収益(知財価値)の比較検討が可能となる
	超過収益法	事業から得た利益のうち、分析対象知財(特許権など)以外の資産の要求利回りを控除して、価値を分析する方法	対象知財以外の資産の分析、収益率の分析が必要となる

が(表1.6)、本項ではインカムアプローチにおけるロイヤルティ免除法を紹介するとともに、ロイヤルティ免除法を実施する際の主な論点を解説する。

(2)　ロイヤルティ免除法による価値評価実施の流れ

　ロイヤルティ免除法は、対象知財を保有しなかったと仮定した場合に、事業を実施するために第三者へ支払うロイヤルティのキャッシュフローを、現在価値に割り引いた額を知財の価値とする評価手法である。評価対象となる知財に類似したライセンス契約を参照し、市場で受け入れられたロイヤルティ料率を基に価値評価を行う手法であるため、ライセンス契約を想定しやすい特許権などの評価においては、説得力があり、採用されやすい。

　価値評価に際しては、評価対象の知財を使用した製品などによる売上高また

は利益に対してロイヤルティ料率を適用し、知財が生み出すロイヤルティ額を
キャッシュフローとして算定するのが一般的である。

　算定においては、対象知財が使用される製品などの事業計画を用いてキャッ
シュフローを計算する。事業計画を設定する際には、ロイヤルティ料率、陳腐
化率、市場規模、シェア、税率、成長率、予測期間といった前提条件を検討す
る必要がある。その後、知財に対応した割引率を算定し、求めたキャッシュフ
ローを現在価値に割り引いて対象知財の価値を算定する。

(3) ロイヤルティ免除法の検討ポイント

　ここでは、ロイヤルティ免除法で、特に重要な検討ポイントとなるロイヤル
ティ料率、陳腐化率、知財に係る割引率について解説する。

① ロイヤルティ料率

　ロイヤルティ料率については、対象知財を保有しておらず、第三者からライ
センスを受けたと仮定した場合の料率を、価値計算上のロイヤルティ料率とし
て設定する。実際には自社が保有する知財を自社にライセンスすることはない
ため、実務においては過去のライセンス事例の料率を採用する、類似技術のラ
イセンス事例を収集・分析して適した料率を採用するなど、対象知財に合わせ
た判断によりロイヤルティ料率を設定する。

　ロイヤルティ料率の設定にあたっては、まったく同種の知財は市場には存在
しないものの、できるだけ類似する技術分野、利益構造、業種、その他市場の
競争環境や消費者の選択行動の同種性などを選択することが重要となる。

② 陳腐化率

　陳腐化率については、知財の評価は、基準時点における知財を評価するもの
であるため、時間の経過や研究開発の進展などにより、基準時点で保有する知
財は陳腐化し、対象知財の事業に対する影響は漸減していくものと考えられる。
陳腐化までの期間は、製品ライフサイクル・特許権満了期間・企業の知財放棄
ルールなどを勘案する設定方法が考えられる。

③ 割引率

　知財の評価に用いられる割引率は、企業価値評価の際に用いられる WACC

(Weighted Average Cost of Capital：加重平均割引率)に知財固有のリスクを加算したものを使用することが通常である。知財は無形資産であるため、有形資産などに比較してリスクが高く、期待収益率も高くなるからである。

　企業価値は個々の資産が生み出すキャッシュフローを積み上げたものであることから、無形資産を含むすべての資産の期待収益率を加重平均した期待収益率は、理論上 WACC と近似すると考えられる。そこで WARA(Weighted Average Return on Assets：加重平均期待収益率)の分析によって知財の割引率を決定することとなる。また、ベンチャー企業やまだ市場が成熟しておらず不確定要素が多い場合には、WARA 分析による割引率よりもさらに高い割引率を設定することもある。

1.5　AI 時代の知財

1.5.1　DX と知財

　デジタルトランスフォーメーション(以下、DX)の推進はあらゆる企業において重要なテーマとなっている一方で、DX 推進に伴う知財の扱いについては十分な検討がなされていないケースが多い。しかしながら、単に DX 化を進めるだけでは、その先に待つ知財リスクに対応できない。本章では、ここまで知財戦略に関する前提を概説してきた。本項では、知財戦略において DX 化により生じ得る知財リスクに対応するうえで、企業が検討すべき知財の論点を紹介する。

　なお、DX 化に伴う知財リスクは、事業に及ぼす影響が大きい可能性がある一方で、上述のような論点を検討しておくことにより未然に防ぐことができるものである。確実な DX 実現のためには、事業戦略だけでなく、知財戦略を含めた DX 戦略の立案が肝要であると思料する。

(1)　DX の定義

　DX という概念はすでに世の中に浸透しつつあり、その定義は経済産業省が公開する DX 推進ガイドライン[11]によると「企業がビジネス環境の激しい変化に対応し、データやデジタル技術を活用して、顧客や社会のニーズを基に製

品やサービス、ビジネスモデルを変革するとともに、業務や、組織、プロセス、企業文化・風土を変革し、競争上の優位性を確立すること」というものである。しかしながら、DX化において活用されるデータやデジタル技術にはさまざまなものがあり、それぞれに関連する知財も異なる。

(2) DX に関連する技術

DX 技術は、大きく「データ収集・蓄積」、「データ分析・処理」、「デジタルサービス」に分類することができる。モノや業務の状態を示すデータを分析することにより、顧客体験や業務改善につながるデジタルサービスを実現していくことができる。これら DX 技術の実現には、データを解析しサービスを実現するためのソフトウェア開発が欠かせないものである。

(3) DX と知財

ソフトウェア開発で得られた資産はいわゆるソフトウェア発明として特許法により保護され得るものであり、ソフトウェア発明に関する裁判例も多く確認される。しかしながら、ソフトウェア資産は特許法だけでなく著作権法や不正競争防止法などさまざまな知財関連法により保護されるものである。これらの知財権を複合的に活用することで、適切にソフトウェア資産を保護することができる。

DX 化に関連した業務プロセスの知財リスクは、表1.1に示した各知財権に関連して生じる可能性がある。これらの知財権ごとに、ソフトウェア資産における知財リスクに対応するために検討すべき論点を紹介する。

1.5.2 DX に関する知財の論点

まず各知財に共通の論点として、知財権の管理方法(管理システム、管理プロセスなど)の検討や知財権に関する社内規程(職務発明規程、グループ知財管理規程など)の整備が実務上重要である。知財関連業務の管理・ガバナンスの体制整備が、知財リスクを低減するうえでの第一歩である。

(1) 特許権の論点

特許権を保有することにより自社事業の保護を図ることができる一方で、特

許権の取得には特許出願が必要である。ソフトウェア資産のうち、アルゴリズム、学習モデル、アプリケーションは特許法による保護が可能である。

　また、開発したソフトウェアを使用したサービスが他社の特許権を侵害した場合には、サービス提供の停止や損害賠償金の発生を招くおそれがある。このため、特許に関しては事業規模に応じた適切な特許件数が確保できているか、他社特許権を侵害していないかといった点について検討が必要である。

(2)　著作権の論点

　著作権は、ソフトウェア資産を幅広く保護できる知財権であり、アルゴリズム、ソースコード、仕様書、学習モデル、アプリケーション、データセットを保護することができる。著作権を利用することで他社による模倣を抑えることができるが、著作権はソフトウェア資産の発生とともに自然的に生じるものであることから、自社がどのような著作権を保有しているのかを把握・管理することが難しいという側面がある。

　また、特許権と同様に他社の著作権を侵害した場合には、他社との紛争に巻き込まれるリスクもある。このため、著作権として管理すべきソフトウェア資産と、その発生タイミング、他社著作権を侵害していないかといった点について検討が必要である。

(3)　営業秘密の論点

　すべてのソフトウェア資産は、不正競争防止法による営業秘密として保護し得るものである。まずは、自社のノウハウを不正競争防止法上の保護対象としての営業秘密とするため、要件をどう満たすかを検討することが重要である。

　一方で、営業秘密に関する知財リスクとしては、転職者などから他社の営業秘密が流入することも検討しなければならない。このため、不正競争防止法の保護対象としての要件を満たすための管理体制、営業秘密が流入しないための制度設計、営業秘密の流入出を抑えるための社内風土の醸成といった点について検討が必要となる。

(4)　意匠権・商標権の論点

　ソフトウェア資産のうちのアプリケーションは、意匠権・商標権によっても

保護することができる。意匠権・商標権については、特許権などの他の知財権とどのように組み合わせれば最も効果的に自社事業を保護することができるのか、という点を含めたうえでの知財 MIX 戦略の立案が重要なポイントである。知財 MIX 戦略については後述する。

(5)　データの論点

　上述の知財権の他、データについては各国の規制に対応した特有のリスクが存在する。ソフトウェア開発にはデータの活用が欠かせないことから、データの規制に関する個人データ利用の制限、AI 倫理についても検討しておく必要がある。

1.5.3　知財 MIX 戦略

　従来、「知財戦略」というと特許を中心として語られることが多かった。しかしながら、DX の推進、UI・UX に代表される技術＋デザインの重要性の高まりなどを受け、特許権だけではなく、その他の知財権を重畳的に保護・活用する「知財 MIX 戦略」が求められつつある。

　本項では DX 推進に伴う知財リスクの整理、および対応するための知財 MIX 戦略に向けた法域別の論点整理、および対応するための知財管理体制のポイントを、以下に示す 2 つの特徴として整理した。

　まず、1 つ目の特徴は、保護・活用すべき知財が大きく拡大することである。知財 MIX 戦略への変化・拡大に伴い、知財ポートフォリオの価値は、特許ポートフォリオの価値に加えて、営業秘密・ノウハウ、データ、その他知財（著作権、意匠、商標）の価値の総合値で評価することが重要になってくる。

　2 つ目の特徴は、戦略の方針の変化である。従前の特許を中心とした知財戦略では、「自社事業保護のための特許出願」、「自社製品・自社領域に紐づく特許ポートフォリオの構築」、「出願を中心とした知財業務」などを検討の軸にすることが多かった。しかし、知財 MIX 戦略では、「特許のみならず他法域も活用した重畳的権利取得」によるビジネス保護の強化が求められる。また、ソフトウェア開発などは自社単独で完結することは少なく、他社を巻き込んだア

ライアンスやエコシステム構築を見据える必要がある。

そのため、自社製品・自社領域のみならず「アライアンスを意識した知財ポートフォリオの構築」が求められる。さらには、出願業務に加え、データのやり取りに伴うデータ保護、アライアンスやエコシステム構築を意識した「契約・交渉における知財業務」も必要となる。

DX 推進はあらゆる企業において重要なテーマとなっている一方で、DX 推進に伴う知財の扱いについては十分な検討がなされていないケースが多い。単に DX 化を進めるだけでは、その先に待つ知財リスクに対応できない。

1.5.4　AI の標準化

知財活動の推進にあたっては、標準化団体による技術標準の議論は非常に重要となる。これは、さまざまな企業や団体が個別に研究開発を進めることで、製品やサービス間のインターオペラビリティが確保できない状態に陥ることが懸念されるためである。他の技術と同様、AI に関する開発の一定のルールが、企業間で共通のものとして認識されていることが、企業や業界、ひいては社会全体の効用を増大させると考えられる。そのため、AI 技術の「標準化」が急速に進められている。

AI に関する標準化の代表例として、国際標準化機構(ISO)の動向を紹介する[12]。2017 年 10 月にロシア連邦のウラジオストクで開かれた(ISO/IEC JTC 1 総会において、AI に対する新たな分科会 JTC 1/SC 42 の設置が決議された。同分科会では、「共通課題の AI に関する拡張」について、ガイダンス、ガバナンス＆マネジメントシステム、用語、フレームワークと参照アーキテクチャ、ライフサイクルとプロセス、品質、セキュリティとプライバシー、相互運用性等についてのテーマが設定されている。また「AI 特有の課題」については、倫理＆信頼性、アルゴリズム性能と頑健性、データなどについてテーマが設定されている。

上記のうち、データのテーマを概説する。本テーマでは、データ品質、ソフトウェア品質、品質の評価方法に関する標準を取り扱う。SC 42 設立前から

ビッグデータに関する標準化は進められており、そこではデータを扱う組織の
プロセス管理の標準化にまで言及されている。サービス開発において大量の
データを収集する必要がある場合、正しく管理・利用するために関連する標準
化の文書に触れることが望ましい。

データに関する主な規格としては、ISO/IEC 5259-2："Data quality for ana-
lytics and ML Data quality measures"が挙げられる。このような標準化団体
による標準化は、デジュール標準（公的標準）といわれ、公的で明文化され公開
された手続きによって作成された標準の類型とされる。他の類型としては、関
心のある企業などが集まってフォーラムを結成して作成した標準であるフォー
ラム標準や、個別企業などの標準が、市場の取捨選択・淘汰によって市場で支
配的となるデファクトスタンダード（事実上の標準）がある。

AI のプログラミング支援などのツール類もデファクトスタンダード化する
こともあるため、以下に代表例を紹介したい。

GitHub Copilot は、テキストエディター（コードエディター）上でコードの一
部やコメントを入力すると、文脈やスタイルを見て、関数全体の記述などコー
ド片を補完してくれる機能である[13]。OpenAI Codex の技術が基になってお
り、GitHub 上のソースコードから学習している。エディターは、Visual Stu-
dio Code、Visual Studio、Neovim、および統合開発環境（IDE）の JetBrains ス
イートの拡張機能として利用可能である。

また、TensorFlow は、Google が Google Brain プロジェクトで開発してい
るニューラルネットワークを基盤としたライブラリである[14]。Google の音声
検索、言語翻訳、画像検索、画像のテキスト化、メールの分別など、幅広い用
途に使われるフレームワークである。また、顔認識システムや自動運転の分野
においても実用化されており、犯罪防止や捜査に役立つ AI システム構築する
フレームワークとして期待されている。

また、Pytorch[15] は、Torch をもとに作られた計算ライブラリである。
Torch は機械学習の自然言語処理のライブラリで、2016 年に発表されている。
初期段階では Facebook（現 Meta）の AI 研究グループが開発に関与している。

ニューラルネットワークの構築のために、計算グラフを動的に生成することを特徴としている。

1.6　AI のリスク対応

1.6.1　データ収集のリスク

　権利自体としてのデータセット・学習済み AI をどのように管理していくかが、知財部門の重要なテーマと考えている。

　データの代表的な収集方法例として、自社サービスを利用した収集や、データベンダーからの購入やオープンデータセットの利用、さらにウェブスクレイピング手法の導入や AI などを用いた合成データの生成などが挙げられる。

　例えば、自動車の自動運転の場合、各国別に交通法規が異なり、標識などの差異もあれば、道路事情も異なる。また、事故回避のため、交通シーンの情報も必要となる。そのため、幅広い国・地域における膨大な道路事情や交通標識などのデータが必須となり、車載カメラなどを用いて自動車メーカーやデータベンダーなどによって収集される。このように、自動運転に留まらず、データセットの拡充には、自社リソースにのみ着目したデータ収集に留まらず、パートナー企業やデータベンダー、オープンデータセットといった外部リソースの利活用を検討することが望ましい。

　一方で、目先のデータソリューション開発ばかりに注目し、データに含まれる被写体やデータ調達先の利用条件に注意を疎かにすると、欧州一般データ保護規則(GDPR：General Data Protection Regulation)を始めとするプライバシー法制や、著作権法などの違反・侵害リスクが高くなる。また、法規制以外にもデータの取扱いを誤ると、意図せざる社会的な批判などによって、関連各社のブランドやレピュテーションの毀損も生じうる。

　現在、顔認識や位置情報技術を利用した法執行機関による大衆監視は、米国や欧州を中心に、批判の対象となっている。2020 年に米国内で発生した Black Lives Matter 運動では、大衆監視技術も批判の矛先となり、当該技術を提供する大手プラットフォーマー企業群が、次々と顔認識技術の開発中止や、法執

行機関への提供中止を公表した[16]。

　また、直近ではウェブスクレイピング技術を用いて個人画像を収集・データベース化し、法執行機関へサービス提供している企業が、英国やイタリアを始めとする各国・地域のデータ保護機関からプライバシー法制に基づく制裁金やデータ破棄命令を受けている[17]。

　このように、データ収集には法規制と社会的な批判に係るリスクがあることを理解されたい。プライバシーや AI 関連のデータ取り扱いの指針は、経済産業省や総務省を中心にガイドライン[18]が提供されており、随時最新版を参照すべきである。

1.6.2　AI 倫理への対応

　上記のデータプライバシーに関連し、近年では AI の利用を巡る倫理的側面に関しての議論が活発化している。ディープラーニングの登場後に、AI がヒトの尊厳を冒した事例として、画像のタグ付けでヒトをゴリラと認識したケースが挙げられる。人種差別を背景とした同事例は、ヒトへの精神的な苦痛を与えるものといえる。

　AI 倫理を巡る問題は人種差別のような精神的苦痛にとどまらず、経済的な苦痛をもたらす事例もあり得る。代表例として、人材採用における AI 利用や金融分野で用いられる信用スコアリングが挙げられる。人材採用 AI の例では、男性が多い職場において採用段階で女性を弾いてしまう、といった性差で選別をしてしまうことで問題化した。また、宗教や人種をスコアリングに直接反映してしまう、または先の差別が間接的に関係する居住地域などをインプットデータにしてしまい、結果として融資額が低く見積もられる事例が発生した。この場合、逸失利益が発生することで AI 倫理に関係する問題として認知された。

　また前述の Black Lives Matter 運動においては、生体認識を通じたプライバシーの侵害による精神的苦痛のみならず、誤認逮捕による拘禁が伴えば、物理的(肉体的)苦痛を与えることにもなる。物理的苦痛の代表例は、自動運転や

ロボットの誤作動が挙げられよう。この際、AI による損害の発生における責任の所在が問題となっている。

　AI による問題は、精神・経済・物理的な損害を複合的に与え得るのである。これらの問題は、AI システムのモデルによって発生するのではなく、AI システムの全体で発生しうる。AI システムの問題の認知は、AI の利用拡大に伴い進み、複雑化しつつある。

第 1 章の引用・参考文献

[1]　内閣府：「日本経済 2016-2017」、第 2 章第 1 節、2022 年 12 月 28 日閲覧
　　　https://www5.cao.go.jp/keizai3/2016/0117nk/n16_2_1.html

[2]　電子情報技術産業協会：「CPS とは」、2022 年 12 月 28 日閲覧
　　　https://www.jeita.or.jp/cps/about/

[3]　内閣府：「日本経済 2016-2017」、第 2 章第 1 節付図 2-1、2022 年 12 月 28 日閲覧
　　　https://www5.cao.go.jp/keizai3/2016/0117nk/img/n16_4_a_2_01z.html

[4]　総務省「情報通信白書令和元年版」、第 1 部第 3 節、2022 年 12 月 28 日閲覧
　　　https://www.soumu.go.jp/johotsusintokei/whitepaper/ja/r01/html/nd113210.html

[5]　Statista："Market size and revenue comparison for artificial intelligence worldwide from 2018 to 2030"、2022 年 12 月 28 日閲覧
　　　https://www.statista.com/statistics/941835/artificial-intelligence-market-size-revenue-comparisons/

[6]　ITR：「ITR が AI 主要 8 市場規模推移および予測を発表」、2022 年 12 月 28 日閲覧
　　　https://www.itr.co.jp/company/press/210826PR.html

[7]　総務省「情報通信白書令和 4 年版」、第 2 部第 6 節(2)、2022 年 12 月 28 日閲覧
　　　https://www.soumu.go.jp/johotsusintokei/whitepaper/ja/r04/html/nd236920.html

[8]　特許庁：「知的財産権について」、2022 年 12 月 28 日閲覧
　　　https://www.jpo.go.jp/system/patent/gaiyo/seidogaiyo/chizai02.html

[9]　経済産業省：「知的資産・知的資産経営とは」、2022 年 12 月 28 日閲覧
　　　https://www.meti.go.jp/policy/intellectual_assets/teigi.html

［10］　Microsoft：“Azure IP Advantage”、2022 年 12 月 28 日閲覧
　　　　https://azure.microsoft.com/ja-jp/solutions/iot/security/ip-advantage-pro
gram/

［11］　経済産業省：「「DX 推進指標」とそのガイダンス」、2022 年 12 月 28 日閲覧
　　　　https://www.meti.go.jp/press/2019/07/20190731003/20190731003-1.pdf

［12］　インフォメーション・ディベロプメント：「技術発展に避けて通れない AI
の「標準化」とは？」、2022 年 12 月 28 日閲覧
　　　　https://www.idnet.co.jp/column/page_198.html

［13］　GitHub：“GitHub Copilot-Your AI pair programmer”、2022 年 12 月 28 日
閲覧
　　　　https://github.com/features/copilot

［14］　日経クロステック：「米 Google、機械学習システム「TensorFlow」を OSS
として公開」
　　　　https://xtech.nikkei.com/it/atcl/news/15/111003663/
　　　　Tensorflow ホームページ
　　　　https://www.tensorflow.org/?hl=ja

［15］　Pytorch ホームページ、2022 年 12 月 28 日閲覧
　　　　https://pytorch.org/

［16］　ITmedia：「『顔認識技術を禁止せよ』黒人差別を受けハイテク大手の対応
は？」、2022 年 12 月 28 日閲覧
　　　　https://www.itmedia.co.jp/business/articles/2006/17/news017.html

［17］　プライバシーテック研究所：「顔認識データベース『Clearview AI』は何が
タブーだったのか」、2022 年 12 月 28 日閲覧
　　　　https://acompany.tech/privacytechlab/clearviewai-face-data-privacytech/

［18］　総務省 AI ネットワーク社会推進会議
　　　　https://www.soumu.go.jp/iicp/research/results/ai-network.html
　　　　経済産業省 AI ガバナンス
　　　　https://www.meti.go.jp/policy/it_policy/ai-governance/index.html

第 2 章

海外における
AI と知財政策

　本章では、世界各国の AI 技術の研究開発動向や推進政策・関連する法律を概説する。また、AI 技術の発展に伴い増加する特許出願の傾向について、日本国内のデータに基づいて概説する。

2.1　世界各国におけるAI技術の現状

2.1.1　研究開発状況の国際比較

　本章では、AI技術に関する9つの研究開発領域の状況を詳しく説明するとともに、領域ごとの国際比較も示している（表2.1）。また、表2.1にその国際比較の部分を抜粋して示した。また、スタンフォード大学が公表しているAI Index2には、論文・特許・ソフトウェアなどのさまざまな視点からAI技術開発について定量的な国際比較を示されている。これらに見られるように、米国が基礎研究と応用研究・開発の両面で圧倒的優位であるが、中国が急速に追い上げ、研究論文総数では中国が米国をわずかに抜くなど、米中二強といわれる状況になっている。AI技術開発は、産業競争力はもちろん、国の安全保障

表2.1　AI研究開発状況の国際比較

国・地域	日本		米国		欧州		中国		韓国	
フェーズ	基礎	応用	基礎	応用	基礎	応用	基礎	応用	基礎	応用
①知覚・運動系のAI技術	○↗	○↗	◎↗	◎↗	○→	○↗	○↗	◎↗	△→	△↗
②言語・知識系のAI技術	○↗	○→	◎→	◎↗	○→	○↗	◎↗	◎↗	△→	○↗
③エージェント技術	○↗	○↗	◎→	◎→	○↗	○↗	○↗	○↗	△→	△→
④AIソフトウェア工学	○↗	○→	◎→	◎↗	△→	△→	△→	△→	×→	×→
⑤意思決定・合意形成支援	○↗	○↗	◎↗	◎↗	○↗	○↗	○↗	○↗	○→	○↗
⑥データに基づく問題解決	○↗	○↗	◎↗	◎↗	○↗	○↗	○↗	◎↗	○→	○↗
⑦計算脳科学	◎→	○→	◎↗	◎↗	○→	○↗	○→	○↗	△→	△→
⑧認知発達ロボティクス	○↗	○↗	△→	△↘	△→	△↘	△↘	△↘	△↘	△↘
⑨社会におけるAI	◎→	○→	△→	△↗	△→	△↗	△→	△↗	△→	△→

注）　研究開発領域毎の状況を相対比較した結果（詳細は後続の各節に記載）を並べたものであり、ある国・地域について研究開発領域間の状況を比較・集計するものではない。
筆者注）　↗：上昇傾向、→：現状維持、↘：下降傾向
　　　　　◎：特に顕著な活動・成果が見えている、○：顕著な活動・成果が見えている、
　　　　　△：顕著な活動・成果が見えていない、×：特筆すべき活動・成果が見えていない
出典）　国立研究開発法人科学技術振興機構　研究開発戦略センター：「人工知能研究の新潮流」、表1-6

表 2.2　AI 技術開発の国際競争戦略・状況

	競争戦略のポイント	「第4世代 AI」状況	「信頼される AI」状況
米国	• GAFA がビジネスと基礎研究の両面で圧倒的に優位 • GAFA やスタートアップによる民間の活発な技術開発の一方、DARPA が国としての中長期的な研究投資(AI Next)をシャープに打ち出している • 経済・国家安全保障のための AI を強化、2019 年 2 月「AI における米国のリーダーシップ維持」を大統領令で宣言(AI イニシアチブ)	○革新技術創出から産業化まで強み保有・牽引	○幅広い観点から研究の取り組みがあり、層が厚い
中国	• 2017 年「次世代人工知能発展計画(AI2030)」を掲げ、AI リード企業 5 社を選定、政府が AI 産業を後押し • スタートアップの勢い:AI 技術実装のスピード、質より量、BtoC 中心にビッグデータ獲得が AI 活用を加速 • 政府は AI を活用した監視・管理社会(社会信用システム、天網、金盾)の構築推進、他国と大きく異なる AI 応用技術開発を推進	○技術の改良・実装速度で凌駕	△国として原則は掲げたものの、市場での実践は伴っていない
欧州	• 「AI for Europe」を掲げ、2018 年 12 月「AI 協調計画」を発表、各国の AI 戦略に加えて、Horizon 2020/Europe による国横断の AI 研究推進 • 欧州委員会「信頼できる AI のための倫理ガイドライン」(2019 年 4 月)、「AI 白書」(2020 年 2 月)を発表、AI の信頼性を重視 • データ保護戦略(GDPR)を含めて AI に関わる国際ルール作りを通じて米中や GAFA に対抗	△強い部分はあるが、米中ほど産業化の勢いがない	○理念・倫理ガイドラインを重視・施策化
日本	• 「人間中心の AI 社会原則」「AI 戦略 2019」を策定、信頼される高品質な AI(Trusted Quality AI)、および、信頼性のある自由なデータ流通に向けた DFFT(Data Free Flow with Trust)を打ち出し • 理研 AIP、産総研 AIRC、NICT が中核国研として国の AI 研究を牽引 • 米中二強への対抗として欧州(特に独仏)と協調	△強い部分はあるが、米中に比べて層が薄い	○信頼性・品質確保のための具体的取り組みでやや先行
日本	日本が優位性を打ち出し得るポイント ✓GAFA が圧倒しているサイバー世界の AI に対して、日本は製造業・健康医療・モビリティー等を含む実世界 AI を重視 ✓「Trusted Quality AI」を掲げ、高信頼・高品質 AI を日本の強みに ✓AI・ロボット技術に対するマインドの違いを活かす(米国は道具・機械として対峙し、日本は人に寄り添うものととらえる) ✓脳科学・発達ロボティクス等の知能の基本的メカニズムの基礎研究、融合 AI への比較的早い取り組み等をもとに第 4 世代 AI で先行チャンス		

出典)　国立研究開発法人科学技術振興機構　研究開発戦略センター:「人工知能研究の新潮流」、表 1-4

や社会基盤をも支えるものと認識されるようになり、各国とも AI 技術開発の
強化戦略を打ち出し、産業界での技術開発推進と国による戦略的研究投資の強
化が図られている。この国際競争状況を、日本、米国、欧州、中国、韓国の比
較という形でまとめたものが**表 2.2** である。表 2.1 に示した研究開発状況や競
争優位分野の差異は、表 2.2 に示したような競争戦略が背景にある。

2.2　日本国内における AI 関連発明の特許出願についての特許庁調査

　2020 年、特許庁は AI(Artificial Intelligence：人工知能)関連発明の特許出
願についての調査を行った。それによると「第三次 AI ブームの下で、AI 関
連発明の特許出願が急増」している。

2.2.1　背景

　特許庁は、深層学習(ディープラーニング)を中心とした AI 技術の発展に伴
う、AI 関連発明[1]の特許出願に対する関心の高まりを受け、2019 年 7 月に AI
関連発明の特許出願について国内外の状況を調査し、その調査結果を報告して
いる。この度、2020 年 4 月までに新たに公開された出願のデータをもとに調
査結果を更新した。

2.2.2　調査結果の概要

(1)　AI 関連発明の国内特許出願件数の推移

　AI 関連発明の国内特許出願件数は、第三次 AI ブームの影響で 2014 年以降
急増しており、2018 年は約 4,700 件(前年比約 54% 増)である(図 2.1)。その
うち、AI のコア技術に関する出願は、約 1,500 件(前年比約 65% 増)である。

(2)　深層学習に言及する AI 関連発明の国内特許出願件数の推移

　近年の AI 関連発明に用いられている主要な技術は機械学習である。その中
でも深層学習(ディープラーニング)に言及する出願は 2014 年以降急増してお

---

　1)　AI のコア技術に関する発明(国際特許分類 G06N に対応するもの)に加え、AI を各技術分野に
　　適用した発明を含めたもの。

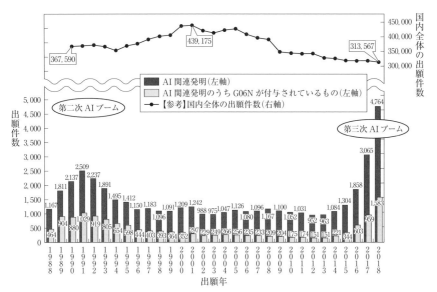

出典) 特許庁審査第四部審査調査室:「AI 関連発明の出願状況調査 報告書」図3、2020
年10月

図 2.1 AI 関連発明の国内特許出願件数の推移

り、2018 年の国内の AI 関連発明の特許出願は、半数以上が深層学習に言及す
るものである(図 2.2)。

(3) AI 関連発明の適用分野の推移

AI 関連発明の適用分野としては、画像処理や情報検索・推薦、ビジネス関
連、医学診断分野が目立っている(図 2.3)。また、近年は特に制御・ロボティ
クス、医学診断分野への適用が増加している。

(4) 五庁および PCT 国際出願における、AI のコア技術に関する出願件数の
推移

AI のコア技術に関する出願は、五庁(日本、米国、欧州、中国、韓国の5つ
の特許庁)および PCT 国際出願[2])のいずれにおいても増加傾向であり、中でも
米国と中国の出願件数は突出している(図 2.4)。

出典）　特許庁審査第4部審査調査室：「AI 関連発明の出願状況調査　報告書」、2020 年 7 月
　　　 27 日

図2.2　深層学習に言及する AI 関連発明の国内特許出願件数の推移

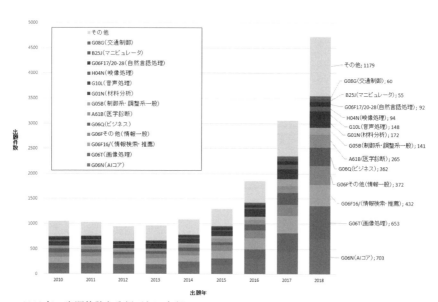

＊2018 年の出願件数を分類ごとに表記
出典）　特許庁審査第4部審査調査室：「AI 関連発明の出願状況調査　報告書」

図2.3　AI 関連発明の適用分野の推移

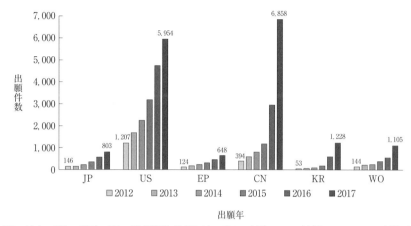

JP：日本、US：米国、EP：欧州特許庁(EPO)、CN：中国、KR：韓国、WO：PCT 国際出
願(出願人国籍問わず)

出典) 特許庁審査第4部審査調査室：「AI 関連発明の出願状況調査 報告書」

図2.4 五庁および PCT 国際出願における、AI のコア技術に関する出願件数の推移

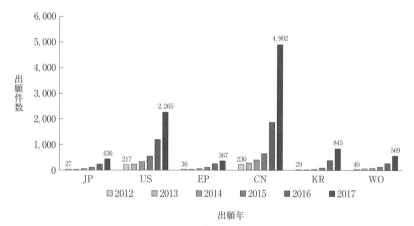

JP：日本、US：米国、EP：欧州特許庁(EPO)、CN：中国、KR：韓国、WO：PCT 国際出
願(出願人国籍問わず)

出典) 特許庁審査第4部審査調査室：「AI 関連発明の出願状況調査 報告書」

図2.5 五庁および PCT 国際出願における、ニューラルネットワークに関する出願
件数の推移

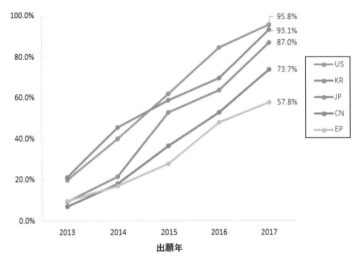

JP：日本、US：米国、EP：欧州特許庁（EPO）、CN：中国、KR：韓国、WO：PCT 国際出
願（出願人国籍問わず）

出典）　特許庁審査第4部審査調査室：「AI 関連発明の出願状況調査　報告書」

　　図 2.6　五庁および PCT 国際出願における、ニューラルネットワークに関する
　　　　　出願のうち、出願書類中に深層学習関連用語を含むものの割合の推移

**⑸　五庁および PCT 国際出願における、ニューラルネットワークに関する
　出願件数の推移**

　AI のコア技術のひとつである、ニューラルネットワークに関する出願も増
加している（図 2.5）。これらの出願のうち、深層学習関連の出願の割合が各国
で年々上昇しており、特に米国、日本に対する出願では、その割合が高くなっ
ている（図 2.6）。

2.3　AI 技術推進に関する各国の政策・取組み

2.3.1　AI 技術推進において日本が生き残るためには

　表 2.1 で示したように、AI 技術開発は米国と中国が圧倒的大型投資をもっ

---

2)　1つの出願願書を条約に従って提出することによって、PCT 加盟国であるすべての国に同時
　に出願したことと同じ効果を与える方法。

て推進している状況である。この状況にあって我が国は、2019 年に「人間中心の AI 社会原則」、「AI 戦略 2019」を策定し、研究開発面では「Trusted Quality AI」(高信頼・高品質 AI)を打ち出し、AI 品質を競争力につなげようとしている点に特徴がある。また、従来から米国 GAFA がサイバー世界の AI で圧倒的なポジションを取っていることに対して、我が国は製造業・健康医療・モビリティーなどを含む実世界適用 AI で対抗しようという取組みも、国の戦略の中で進められてきた。このような国の戦略は、「高信頼・高品質 AI」、「実世界適用 AI」などの面で国際競争力の強化に直接貢献するものである(図2.7)。特に高信頼・高品質は、日本の産業界が強いこだわりをもってきた価値観であり、AI 関連産業においても日本の強みとして打ち出し得る。また、第 4 世代 AI への移行は競争の土俵が変わることを意味する。第 4 世代 AI への動きは、まだ始まったばかりであり、我が国にはこの新たな土俵での国際競争で先行できるチャンスがある。表2.2 中の「日本が優位性を打ち出し得るポ

	信頼されるAI	新世代AI
AI研究の潮流	AIシステムの安全性・信頼性を確保するための研究	現在の深層学習の限界を克服する新しいAIの仕組みの研究
日本にとってのチャンス	従来から品質は日本の強み、AI分野でも具体的な取り組みで先行	まだ初期ステージなので日本も先行チャンス、ロボットや知能基礎研究の強み活用

出典)　国立研究法人人科学技術振興機構　研究開発戦略センター:「第 64 回　サイバーとフィジカルの融合　信頼される AI が日本の勝ち筋」、2021 年、2022 年 12 月 7 日閲覧

図 2.7　AI 分野の各国の強みと日本の勝ち筋

イント」に挙げたように、わが国は脳科学や発達ロボティクスなど、知能の基本メカニズムの基礎研究に蓄積がある。また、AI・ロボットに対する日本的なマインドがあり、第 4 世代 AI の研究開発において、日本らしい AI の強みを生み出せる可能性がある。

2.3.2　日本の政策・取組み

　2022 年 4 月 22 日に、内閣府統合イノベーション戦略推進会議は「AI 戦略 2022（案）」を発表した（図 2.8）。統合イノベーション戦略推進会議は、平成 30 年 7 月に「イノベーション関連の司令塔機能の強化を図る観点から、横断的かつ実質的な調整機能を構築するために設置」されたもので、政府のイノ

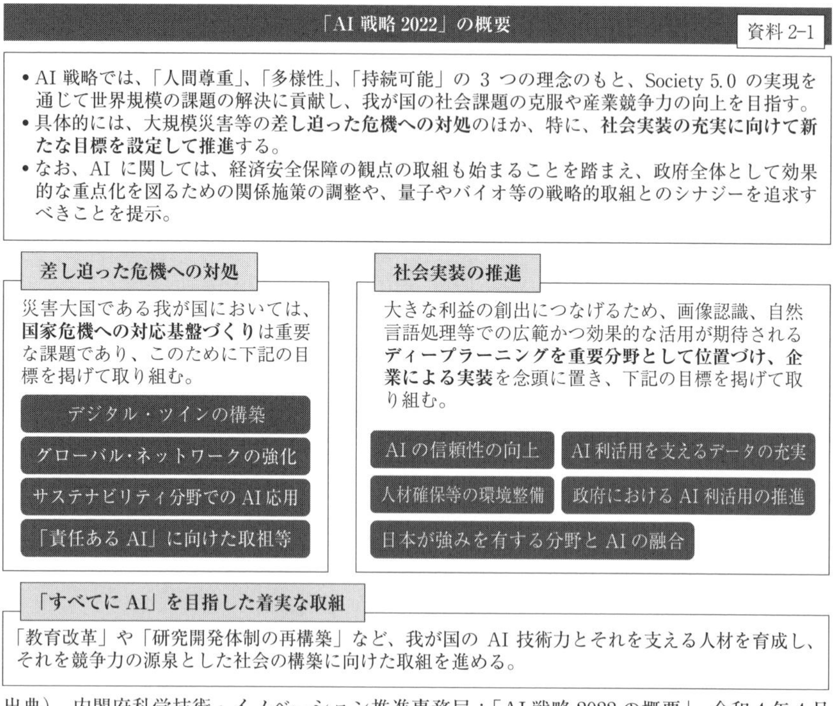

「AI 戦略 2022」の概要　　　　　　　　　　　　　　　　　　　　　資料 2-1

- AI 戦略では、「人間尊重」、「多様性」、「持続可能」の 3 つの理念のもと、Society 5.0 の実現を通じて世界規模の課題の解決に貢献し、我が国の社会課題の克服や産業競争力の向上を目指す。
- 具体的には、大規模災害等の差し迫った危機への対処のほか、特に、**社会実装の充実に向けて新たな目標を設定して推進する。**
- なお、AI に関しては、経済安全保障の観点の取組も始まることを踏まえ、政府全体として効果的な重点化を図るための関係施策の調整や、量子やバイオ等の戦略的取組とのシナジーを追求すべきことを提示。

差し迫った危機への対処

災害大国である我が国においては、**国家危機への対応基盤づくりは重要**な課題であり、このために下記の目標を掲げて取り組む。

- デジタル・ツインの構築
- グローバル・ネットワークの強化
- サステナビリティ分野での AI 応用
- 「責任ある AI」に向けた取組等

社会実装の推進

大きな利益の創出につなげるため、画像認識、自然言語処理等での広範かつ効果的な活用が期待される**ディープラーニングを重要分野として位置づけ、企業による実装**を念頭に置き、下記の目標を掲げて取り組む。

- AI の信頼性の向上
- AI 利活用を支えるデータの充実
- 人材確保等の環境整備
- 政府における AI 利活用の推進
- 日本が強みを有する分野と AI の融合

「すべてに AI」を目指した着実な取組

「教育改革」や「研究開発体制の再構築」など、我が国の AI 技術力とそれを支える人材を育成し、それを競争力の源泉とした社会の構築に向けた取組を進める。

出典）　内閣府科学技術・イノベーション推進事務局：「AI 戦略 2022 の概要」、令和 4 年 4 月
https://www8.cao.go.jp/cstp/ai/aistrategy2022_gaiyo.pdf

図 2.8　AI 戦略 2022 の概要

ベーション戦略の方針を示すものといってよい。統合イノベーション戦略会議は、バイオ、量子、革新的環境イノベーション、マテリアルなどの分野からなり、AI 戦略もその一つである。

　まず、上段に全体の目標として、「人間尊重」、「多様性」、「持続可能」の3つの理念が挙げられている。

　AI 戦略では、これらの理念のもと、Society 5.0 の実現を通じて世界規模の課題の解決に貢献し、我が国の社会課題の克服や産業競争力の向上をめざす。具体的には、大規模災害などの差し迫った危機への対処のほか、特に、社会実装の充実に向けて新たな目標を設定して推進する。なお、AI に関しては、経済安全保障の観点の取組みも始まることを踏まえ、政府全体として効果的な重点化を図るための関係施策の調整や、量子やバイオなどの戦略的取組みとのシナジーを追求すべきことを提示した。AI 戦略では、「世界規模の課題の解決」に貢献し、「我が国の社会課題の克服や産業競争力の向上」をめざす、とある。具体的には、大規模災害など差し迫った危機への対処が挙げられている。ただし、「産業競争力の向上」の具体例が挙げられていないことや、各所に「AI for Good」とあることから、筆者はこの戦略が、ITU の「AI for Good」からの影響を大きく受けていることを感じる。

　「責任ある AI に向けた取組み」を見てみる。「責任ある AI」というのは、結果に対する説明性をもち、差別的なバイアスを取り除いたり、セキュリティやデータプライバシーを担保したりする AI のことであり、現状の AI にある問題を解決していこう、という取組みである。他の項目と異なり、これに対しては、以下のような具体的な施策が並んでいる。

① 　脳情報を活用し知覚情報を推定する AI 技術などの社会受容性の確保

② 　エッジ環境の IoT データを共有せず実空間の分野横断的な行動リスク予測を可能にする分散連合型のマルチモーダル・クロスモーダル AI 技術の研究開発

③ 　気象、地震動、洪水・土砂災害の予測システムなどの構築に向けた研究開発を推進

④　現在の深層学習では不可能な難題解決のための次世代 AI 基盤技術等の研究開発を推進

⑤　AI 技術（自動採点技術）の教育への活用のための研究開発を推進

⑥　AI 技術の材料科学分野での活用のための研究開発を推進

⑦　科学手法の DX と AI 駆動による科学的知見の創出を推進

⑧　AI 駆動の医療診断システム、さらには診断の信頼性評価システムの開発に向けた研究開発を推進

⑨　説明可能 AI によるセキュリティ技術確立に向けた研究開発を推進

⑩　介護現場における認知機能改善のための遠隔対話支援システムの実用化に向けた研究開発を推進

⑪　人とともに進化する説明可能な AI システムの研究開発、経営における AI の品質評価・管理手法の確立

⑫　「機械学習品質マネジメントガイドライン」の高度化、測定テストベッドの構築

　これらの施策を実施する省庁は、総務省や文部科学省、経済産業省となっている。他の分野の担当省庁は農林水産省や環境省で、省庁ごとの AI に対する理解度の差が出たのではないかと推察する。IT 分野では、米国、中国などに遅れを取っているので、機械や、創薬、材料科学の分野での AI 活用によって活路を見出したい、という担当省庁の意識もかいま見ることができる。これは、かなり着眼点がよく、他の IT 技術と比べた AI の特徴として実世界との連携したときの効果が大きいということである。

　上記施策①〜⑫についての具体的な取組みとして、以下が進められている。

- AI 技術の材料科学分野での活用のための研究開発を推進
- AI 駆動の医療診断システム、さらには診断の信頼性評価システムの開発に向けた研究開発を推進
- 全ゲノム解析などに加えて、オミックス情報や臨床情報も活用して AI で解析し、創薬ターゲット等を創出
- 革新的な医療機器の創出を目指す質の高い臨床研究、医師主導治験などを

実施

- 糖尿病個別化予防を加速するマイクロバイオーム解析 AI の開発
- 半導体を含む AI 関連技術などの活用による地域の省 CO_2 化や省エネ性能の高度化などの実証事業の推進
- 地域資源と AI などのデジタル技術を活用した革新的な触媒技術などに係る技術開発・実証
- 我が国が産学で強みをもつマテリアル分野において、全国のマテリアルデータの収集・蓄積に加え AI 解析を含むデータ利活用を可能とするシステム整備を推進

以上はまだ研究段階のものが多いが、堅実な目標である。

2.4　各国の AI 関係の法律

特定の利用や特定の産業分野の政策ツール例を表 2.3 に示す。

2.4.1　米国

かつてトランプ政権は発足(2017 年)以来、「米国第一主義」を掲げ、米国の安全保障と軍事技術優位を重視し、人工知能(AI)、量子コンピューティング、5G 次世代情報通信、先進製造、およびバイオテクノロジーなどの「未来の産業」、およびその関連技術領域に注力していた。とりわけ、「米国 AI イニシアティブ」や「国家量子イニシアティブ法」を政策基盤として、AI、量子分野への投資を加速させる動きが目立った。一方で、オバマ政権が積極的に注力した環境・気候変動問題をめぐる政策的な取組みに関しては、前提となる問題意識に懐疑的な姿勢で臨み、「気候行動計画」の撤回、パリ協定からの離脱、エネルギー政策の規制緩和などを実行した。

2020 年 11 月に行われた大統領選挙の結果、共和党トランプ大統領が民主党バイデン氏に敗北し、2021 年 1 月にバイデン政権が発足した。同政権は気候変動への取組みを政策課題の中核に位置づけ、2050 年の温室効果ガス排出実質ゼロを目標に掲げるとともにパリ協定へ復帰した。また、新型コロナへの対

表2.3　AI 技術の発展から近年ルールメイクされつつある特定の利用や
特定の産業分野の政策ツール

No	国・地域	発行年	政策ツール名	概要
1	米国	2019	The Algorithmic Accountability Act	アルゴリズムの説明責任に関する法律
2	米国	2017	SELF DRIVE Act	自動運転車の安全性確保と技術促進、自動運転テスト、自動運転車の操作に関する初の法案
3	米国	2019	Commercial Facial Recognition Privacy Act	画像認識の商業利用におけるユーザープライバシーの保護
4	中国	2018	Trial Provisions on Managing the Standards, Security and Service of National Healthcare Big Data	ヘルスケア関連ビッグデータの標準化、安全性確保、関連サービスのガバナンスに関する試行方針
5	中国	2018	Administrative Rules on Intelligent and Connected Vehicle Road Testing Trial	コネクテッド自動運転車の走行テストに関する管理方法
6	米国	2020	Concerning the use of facial recognition services (Engrossed Substitute Senate Bill 6280)	顔認識技術に関するレギュレーション
7	ドイツ	2017	"Automated Vehicles" Bill in the Road Traffic Act	自動運転を巡る道路交通法の修正
8	韓国	2008	Intelligent Robot Development and Promotion Act	AI を用いるロボットの研究開発、産業利活用に関する法律
9	フランス	2019	Mobility Orientation Law	自動運転車の利用促進を含む次世代道路交通法
10	シンガポール	2019	Protection from Online Falsehoods and Manipulation Act	フェイクニュースなどオンライン情報操作に関する保護法
11	EU	2020	European Data Governance Act	EU データガバナンス法
12	米国	2018	Artificial Intelligence Video Interview Act	AI 技術を用いるビデオインタビューに関する法案
13	米国	2020	Sale of automated employment decision tools	自動採用ツールにおける差別等のリスクを緩和するための法案

出典）　経済産業省：「令和2年度規制改革推進のための国際連携事業（AI の利活用及び開発に影響を与える政策ツールに関する動向調査）─GPAI（Global Partnership on AI）関連調査」、p.42、2021年5月
https://www.meti.go.jp/meti_lib/report/2020FY/000191.pdf

応にあたっても、専門家の科学的助言を政策に取り入れ、世界保健機構
(WHO)からの脱退も撤回するなど、国際協調と科学的知見を重視する姿勢を
明確にしている。

一方で、AI や 5G など先端技術への投資はバイデン政権においても引き続
き重視されている。バイデン政権は 2021 年 3 月、経済財政政策として「米国
雇用計画」を発表し、電気自動車(EV)やクリーンエネルギーのインフラ整備
や、先端技術の研究開発などを含む巨額の投資構想を打ち出した。また、同政
権は国防高等研究計画局(DARPA)をモデルとした「気候高等研究計画局(AR
PA-C)」および「医療高等研究計画局 ARPA-H)」の新設を提案している。

連邦議会では、米国の国際競争力や安全保障上重要な技術の優位性を確保す
る観点から、製造業の強化や先端技術の研究開発に投資を求める超党派法案の
提出・審議が活発化している。こうした立法府の動きは、米国の科学技術・イ
ノベーション基本政策に大きな影響力をもつと考えられる。情報科学技術分野
の研究開発は、1991 年に開始された省庁横断型のイニシアティブ「ネット
ワーキング・情報技術研究開発(NITRD)」により戦略的に取り組まれている。
NITRD プログラムには現在 23 省庁・機関が参加しており、ネットワーキン
グ、システム開発、ソフトウェアやそれらに関連する情報技術分野の研究開発
活動を調整している。NITRD は、プログラム・コンポーネント・エリア
(PCA)と呼ばれる研究対象領域を設定し、あらかじめ各領域への予算配分割
合を決めて戦略的に投資している。PCA は、各省庁における研究開発活動や
政権の優先事項を反映して適宜見直されるものであり、2021 年度は以下の 11
領域が設定されている[6]。このうち AI は、2020 年度に新規に設定されたもの
である。

① 人工知能(AI)
② 人のインタラクション、コミュニケーション、能力向上のためのコン
　ピューティング(CHuman)
③ フィジカルシステムをネットワーク化するコンピューティング(CNPS)
④ サイバーセキュリティとプライバシー(CSP)

⑤　教育と労働力(EdW)

⑥　ハイケイパビリティーコンピューティング・システムの研究開発(EHCS)

⑦　ハイケイパビリティーコンピューティング・インフラと応用(HCIA)

⑧　インテリジェント・ロボット工学と自律システム(IRAS)

⑨　大規模データ管理と解析(LSDMA)

⑩　大規模ネットワーク(LSN)

⑪　ソフトウェアの生産性・持続可能性・品質(SPSQ)

2020 年度の NITRD 予算は 67 億ドル、うち AI 関連は 11 億ドルとなっている。2021 年度予算教書(予算に対する政権の意向)では NITRD 全体で 65 億ドル、うち AI 関連で 15 億ドルが示されており、AI 関連の研究開発投資を加速させる姿勢が表れている。なお、いずれの金額も、DOD および DARPA の AI 関連予算は非公開のため含んでいない。

2.4.2　英国

2018 年、英国上院は AI に関する報告書 "AI in the UK：ready, willing, and able?" を発表した。この報告書では、大手テクノロジー企業によるデータの独占利用の可能性についての検討、英国の中小企業が AI を活用してビジネスを拡大するための成長基金の創設、英国の大学内で行われている優れた研究から AI スタートアップをスピンアウトするメカニズムの標準化、データ集約型のディープラーニングにとどまらない幅広い AI 研究への投資などを提言している。

2.4.3　ドイツ

2018 年、ドイツ連邦政府は「人工知能(AI)戦略」を、2019 年～2025 年までに基盤的経費を含め研究開発費として 30 億ユーロ規模の投資をすることを発表した。さらに、2020 年にコロナ禍の補正予算で 20 億ユーロの追加投資が決まっている。AI の実用化に向けて、基礎研究から応用研究へ連携と国際連携

の重要性を強調している。国際連携については、ドイツに先んじて 2023 年に AI 戦略を発表したフランスとの連携をベースに、EU の枠内での研究開発を推進することが記述されている。

2.4.4　フランス

　「人工知能(AI)国家戦略 2018 年」と「学際的研究ネットワーク・トロワジア(3.I.A)人工知能(AI)に関するヴィラーニ報告」に基づき、フランスは EU に先駆けて「人工知能(AI)国家戦略」を発表した。本戦略は AI 研究・人材への投資に限らず、行政や経済・教育など社会全般での AI・デジタル化の導入・推進により国全体の改革および国際競争力の向上をめざすもので、4 つの戦略分野(健康・医療、環境、輸送、防衛・セキュリティ)を策定している。研究投資面では 2022 年までに 15 億ユーロの投資が表明されている。フランス政府は以下の 4 つの方針を表明し、欧州一丸となった AI 政策をめざしている。

① AI の学際的研究ネットワーク・トロワジア(「3.I.A」)拠点など通じた仏・欧州の AI 研究エコシステムの強化、

② 行政・経済制度への AI・デジタル化の導入推進などを通じたデータのオープン化政策、

③ AI をめぐる規制や資金支援の欧州・国レベルでの枠組みの構築、

④ AI の倫理的・政策的課題の策定といった課題への取組み

　採択拠点は、グルノーブル、ニース、パリ、トゥールーズの 4 都市地域であり、各採択拠点では多くの民間企業や外国企業などが参加している。

2.4.5　中国
(1)　第 14 次 5 か年計画における AI 政策

　2021 年 3 月 5〜11 日に北京で開催された全国人民代表大会(全人代)において、「第 14 次 5 か年計画(2021〜25 年)および 2035 年までの長期目標要綱」が採択され、AI 政策をさらに踏み込んで推進していく方向性が示された。

　AI を重大なイノベーション分野の一つと位置づけ、一連の国家実験室(研究

施設)を設立することや、先端分野の一つとして、AI に照準を合わせて、先見性と戦略性を備えた一連の国家重大科学技術プロジェクトを実施する方針が打ち出された。この一環として、次世代 AI 分野では、最先端の基礎理論のブレークスルー、専用チップの研究開発、ディープラーニングフレームワークなどのオープンソースアルゴリズムプラットフォームの構築、自然言語認識処理などのイノベーションに取り組むことが謳われている。

(2)　次世代人工知能発展計画「AI 2030」

　中国の AI 政策の推進を加速させたのが、2017 年 7 月 20 日に国務院から公表された「次世代 AI 発展計画」(以下、計画)である。初の AI 政策のグランドデザインとされ、党中央、国務院の手配に基づき、科学技術部、国家発展改革委員会などが関連部門と共同で策定した。計画は 2030 年までの中国の AI 政策を包括的に網羅した羅針盤といえるものであり、その後の政策措置は計画に基づいて推進されている。そういう意味で、中国の AI 政策を正確に把握するには、計画の内容を詳細に検討する必要がある。計画は、①戦略態勢、②全体要求、③重点任務、④資源配置、⑤保障措置、⑥実施組織の 6 部から構成されている。

　「戦略態勢」においては、AI に対して、

① 　発展が新たな段階(60 年余りの進化を経て、発展が加速)

② 　国際競争の新たな焦点(未来をリードする戦略的技術)

③ 　経済発展の新たなエンジン(産業変革の中核的な推進力)

④ 　社会建設の新たなチャンス(人民の生活の質を全面的に向上)

⑤ 　不確実性が新たな挑戦(影響力の広い破壊的な技術)

といった認識が示されている。そのうえで、計画は「中国の AI の発展には良好な基礎があり、加速度的に蓄積された技術力は、大量のデータ資源、巨大な応用需要、開放的な市場環境と有機的に結合し、発展の独特な優位性を形成した」と強調している。

　人工知能の技術開発は、「十三五」の「産業技術の国際競争力の向上」の項目の「破壊的イノベーション技術」に分類されていたが、その後国家戦略とし

て昇格された。「十三五」とは、国家科学技術イノベーション計画（第13次5か年計画〔2016〜2020年〕）の略称であり、中国における科学技術イノベーションの全体的な考え方、発展目標、主要任務、重大な取組みを主に明確にした、科学技術イノベーション分野における国の重点特別計画であり、中国がイノベーション型国家の仲間入りを果たすための行動指針である。

　ロードマップとして、ステップ1は2020年までに人工知能技術で世界の先端に追いつき、人工知能を国民の生活改善の新たな手段とする。

　ステップ2の2025年までに、人工知能基礎研究で重大な進展を実現し、産業アップグレードと経済モデルの転換をけん引する主要動力とする。

　ステップ3で、2030年までに人工知能理論・技術・応用のすべてで世界トップ水準となり、中国が世界の「人工知能革新センター」になることを目標としている。

　他方、計画は「中国のAI全体の発展レベルは先進国と比べて依然として差があり、①重大な独創的成果が不足しており、基礎理論、コアアルゴリズムおよびキーデバイス、ハイエンドチップ、重大な製品およびシステム、基礎材料、部品、ソフトウェアおよびインターフェースなどの面で差が大きく、②科学研究機関と企業はまだ国際的影響力をもつエコシステムと産業チェーンを形成しておらず、系統的な先行研究開発の配置が不足しており、③人工知能の先端人材は需要を満たすことができないことから、AIの発展に適応するインフラ、政策法規、標準体系の整備が急務」と指摘されている。

2.5　世界各国における AI の未来像

　AIはまだまだ進化を続けており、世界各国ではその開発に注力が注がれている。将来を担う人工知能（AI）の代表研究テーマとしては表2.4のようなものが挙げられる。

2.5.1　人工知能（AI）の基礎知識

　AIについて述べる際の基礎的な知識について、以下に概説する。

表 2.4　人工知能(AI)の代表的な研究テーマ

名称	概要
推論・探索	「推論」は、人間の思考過程を記号で表現し実行するものである。「探索」は、解くべき問題をコンピュータに適した形で記述し、探索木などの手法によって解を提示する。探索の手法は、ロボットなどの行動計画を、前提条件・行動・結果の 3 要素によって記述する「プランニング」にも用いることができる。
エキスパートシステム	専門分野の知識を取り込んだ上で推論することで、その分野の専門家のように振る舞うプログラムのこと。1972 年にスタンフォード大学で開発された「マイシン(MYCIN)」という医療診断を支援するシステムが世界初とされる。その後、エキスパートシステムが保有するべき知識をいかに多く保持させるかが課題となり、1984 年には一般常識を記述して知識ベースと呼ばれるデータベース化する取り組み「サイクプロジェクト」が開始された。
機械学習	コンピュータが経験からルールや知識を学習し、タスクを遂行する能力が向上する技術であって、分類・回帰・特徴選択・異常検出といった解析のプロセスから構成されている。データを生成する確率分布を推定することで解析する生成的アプローチと、近年登場した、データを生成する確率分布を推定せずに直接パターンを認識するサポートベクトルマシンのようなタスク特化型アプローチがある。
ディープラーニング	ニューラルネットワークを用いた機械学習における技術の一つである。情報抽出を一層ずつ多階層にわたって行うことで、高い抽象化を実現する。従来の機械学習では、学習対象となる変数(特徴量)を人が定義する必要があった。ディープラーニングは、予測したいものに適した特徴量そのものを大量のデータから自動的に学習することができる点に違いがある。精度を上げる(ロバスト性を高める)手法と、その膨大な計算を可能にするだけのコンピュータの計算能力が重要になる。

出典)　総務省:「ICT の進化が雇用と働き方に及ぼす影響に関する調査研究　報告書」、
　　　2018 年より一部抜粋

(1)　推論・探索

　「推論」は、人間の思考過程を記号で表現し実行するものである。「探索」は、解くべき問題をコンピューターに適した形で記述し、考えられる可能性を総当たりで検討したり、階層別に検索することで正しい解を提示したりするものである。例えば、迷路を解くためには、迷路の道筋をツリー型の分岐として再構成したうえでゴールにたどり着く分岐を順番に探し、ゴールに至る道を特定する。

　探索の手法は、ロボットなどの行動計画を、前提条件・行動・結果の 3 要素によって記述する「プランニング」にも用いることができる。

　探索のシステムに専門知識をデータベースとして備えることで、専門家のよ

うに振る舞うことが可能となったエキスパートシステムは、1972 年にスタンフォード大学で開発された「マイシン(MYCIN)」という医療診断を支援するシステムが世界初とされる。

マイシンは、例えば、あらかじめ定めた病気に関する情報と判断のルールに沿って患者に質問し、得られた回答に基づいて次の質問を選択するといった過程を繰り返すことで診断結果を提示する。

マイシンの開発以降は、エキスパートシステムに保有させる知識をいかに多くするかが課題となり、1984 年には一般常識を記述して知識ベースと呼ばれるデータベースを構築する取組みである「サイクプロジェクト」が開始され、30 年以上経過した現在でも続けられている。

エキスパートシステムでは、暗黙知などの情報を知識として整備することの困難さが課題となった。

(2)　機械学習

機械学習とは、コンピューターが数値やテキスト、画像、音声などのさまざまかつ大量のデータからルールや知識を自ら学習する(見つけ出す)技術のことである。例えば、消費者の一般的な購買データを大量に学習することで、消費者が購入した商品やその消費者の年齢などに適したお薦め商品を提示することが可能になる。

ディープラーニングとは、ニューラルネットワークを用いた機械学習の手法の一つである。情報抽出を 1 層ずつ多階層にわたって行うことで、高い抽象化を実現する。従来の機械学習では、学習対象となる変数(特徴量)を人が定義する必要があった。ディープラーニングは、予測したいものに適した特徴量そのものを大量のデータから自動的に学習することができる点に違いがある。精度を上げる(ロバスト性を高める)手法と、その膨大な計算を可能にするだけのコンピューターの計算能力が重要になる。

2.5.2　AI を利活用した事例

総務省の「情報通信白書(2016 年)」によると、(AI)は、今後その実用化が

着実に進展すると期待されるところであり、多様な機能が幅広い分野で研究されている。企業が、AI を研究する組織を立ち上げる動きも盛んである。

　Facebook は、2013 年に人工知能研究所を設立し、利用者の問いかけに対して適切な助言を提供するパーソナルデジタルアシスタント「M」などを開発している。

　我が国では、ドワンゴが 2014 年にドワンゴ人工知能研究所を設立、トヨタ自動車は 2016 年に米国に研究機関 Toyota Research Institute を設立しており、スタンフォード大学およびマサチューセッツ工科大学とも提携した研究に今後 5 年間で約 10 億ドルを投資すると発表した。

　人工知能(AI)が実際のサービスにおいて果たす機能として、「識別」、「予測」、「実行」という大きく 3 種類があるとされる。それぞれの機能を利活用する場面は、製造や運送といったあらゆる産業分野に及びうる。

　例えば、車両の自動運転であれば、画像認識と音声認識から得られた情報に、車両の運行情報・地図情報・位置情報などの他の情報を加えて、車両がおかれた状況を識別する。そのうえで、衝突の可能性などこれから起こりうることを予測し、安全を保つために最適な運転や、目的地に到達するための経路を計画して実行する。このように、具体的なサービスにおいては、さまざまな機能を分野に適した形で組み合わせて実用化される。

　ディープラーニングを中心とした AI は、今後、識別・予測の精度が向上することによって適用分野が広がり、かつ、複数の技術を結合することで、実用化に求められる機能が充足されるといった発展が見込まれている。発展の仕方は一通りではないが、以下では専門家が想定する一例を挙げる。

　現在は、まず画像認識における精度の向上が実現しつつあるが、同じ視覚情報である動画へと対象が拡大し、さらには音声など視覚以外の情報を組み合わせた(マルチモーダル)認識が発展すると期待されている。マルチモーダルな認識が実現すると、環境や状況を総合的に観測することが可能になるので、防犯・監視といった分野での実用化が考えられる。

　次に、コンピューターが自分の取った行動とその結果を分析することが可能

になり、高度な行動計画(プランニング)を導くことができるようになると考えられている。自動でのプランニングが可能になると、車両の自動運転や物流の自動化といった分野での実用化が想定される。

さらに行動の分析が高度化し、試行錯誤のような連続的な行動データを解析できるようになると、環境認識の対象や精度が向上して現実社会のより複雑な状況へと実用領域が拡大しうる。例えば、感情を認識出来るようになれば、対人サービスでもある家事や介護などの分野にも導入が考えられる。AI が認識できる範囲が人の活動領域に広く行き渡ると、AI は言語が対象にするさまざまな概念を扱うことができるようになる。すると、概念と言語を紐づけることで、言語分析が高精度なものになると考えられる。その結果、自然な言い回しでの自動翻訳が実現するといったことが期待される。最終的には、言語を通じた知識の獲得が可能になり、AI が秘書などの業務を担うこともありえるとされる(図 2.9)。

実際にどのような分野への利活用が望ましいと考えられているのだろうか。AI の利活用が望ましい分野に関して有識者への総務省のアンケートによれば、

年	技術発展	向上する技術	社会への影響
2014	画像認識	認識精度の向上	・広告 ・画像からの診断
2020	マルチモーダルな抽象化	感情理解 行動予測 環境認識	・ペッパー ・ビッグデータ ・防犯・監視
	行動とプランニング	自律的な行動計画	・自動運転 ・物流(ラストワンマイル) ・ロボット
	行動に基づく抽象化	環境認識能力の大幅向上	・社会への進出 ・家事・介護 ・感情労働の代替
2025	言語との紐づけ	言語理解	・翻訳 ・海外向け EC
2030	さらなる知識獲得	大規模知識理解	・教育 ・秘書 ・ホワイトカラー支援

出典) 総務省:「平成 28 年度情報通信白書」

図 2.9　人工知能(AI)の発展と利活用の進化

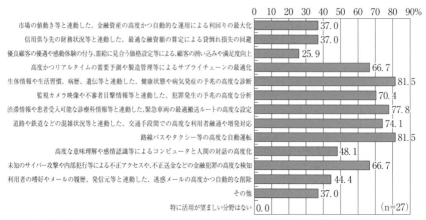

出典）　総務省：「ICT の進化が雇用と働き方に及ぼす影響に関する調査研究」、2016 年

図 2.10　人工知能（AI）の利活用が望ましい分野

健診の高度化や公共交通の自動運転、救急搬送ルートの選定、交通混雑・渋滞の緩和など、社会的課題の解決が期待される分野において、AI の利活用ニーズが相対的に高いという結果が得られた。一方で、金融やマーケティング、コミュニケーションといった産業や個人の生活に関わる分野では、AI の利活用ニーズが相対的に低いという結果も得られた（図 2.10）。

2.5.3　2040 年の未来技術

20 年後の科学技術や皆さんの暮らしはどうなっているであろうか。科学技術学術政策研究所が行った「科学技術予測調査」では、国内外の専門家約 5,500 人の知識やアイデアを集めて、「あなたが主役となる 2040 年の社会」を予測している。人工知能やロボットなどの最先端の科学技術がかなえるであろう、未来社会の姿を考えるきっかけとなるように、文部科学省ではポスターを作成した（図 2.11）。ポスターを通して、2040 年の未来をのぞいてみる。

（1）　2040 年の理想の社会像

AI の進展とともに、映画『ブレードランナー』の世界観にあるような遺伝子工学で作られた人工生命体などで構成される超生物社会が進展していく見通

出典）　文部科学省：わくわくドキドキ 2040 年の未来
　　　https://www.mext.go.jp/content/20211018-mxt_kouhou02-000010454_02.pdf

図2.11　わくわくドキドキ 2040 年の未来

しである。社会性の多くが AI や VR/AR の世界で成立している社会においては、こうした社会環境の中で個人が保障される空間が登場する。人々は、「AND 人間」（リアルとバーチャルの両方の体験を有する）として、リアリティ社会と VR/AR 社会をバランスよく行き来する。生物として回帰する場（生活場としての地元を含む）が確保され、自然資源の持続的管理や家庭空間の見直しが図られる。個別の社会像の概要は以下のとおりである。

1)　生物（リアリティ）への回帰

　AI の進展の中でリアルの価値が高まるとともに、地域の自立、地域資源（自然環境の保全を含む）の見直し、自然回帰が改めて注目され、匠の技、エネルギーの地産地消、家庭教育の充実化が図られる。

2)　誰でもクリエーター社会（AND 社会の到来）

　リアルと AI による労働の格差が問題となる可能性をもつものの、複数の業にて働くことが可能となり、限界削減費用ゼロのサービスと最低限の生活を営むことができ、データなどのやりとりで個人が欲しいものをリーズナブルに製

造できるようになっている。このような変化の中で、「生物(リアリティ)への回帰」を志向する流れと、「AI 社会で生きていくことができる社会」や「社会性の多くが VR 世界で成立している社会」を志向する流れが繋がれている。

3)　超生物社会(ブレードランナー社会)

　人間の人格と同様に「AI 格」が付与され、AI 家族が登場している。あくまで人間>AI の関係性が確保され、人間に寄り添う「ベタな AI」の育成が始まる。他方、VR/AR 社会の進展により人間が新たに自己実現する空間が生まれ、VR/AR 空間へのあこがれが高まる一方、VR/AR 空間での生活時間の拡大により、結婚しない社会などが加速する可能性がある。

4)　脱空間社会

　ベーシックインカムによって働く時間が短くなり、職場や地域のしがらみから解放され、空間的・時間的な自由度が高まっている。仕事では、一般的な業務の 90% はコンピューターやロボットが行い、生産現場から労働者が消える。また、宇宙空間(月など)の活動域が拡がる。代わって、芸事や遊びが人間活動の中で重要な割合を占めている。

5)　物理的ボーダレス社会/生活の依存先が国から民間になっている社会

　国を超える企業の登場、言葉の壁の消滅、国際送電網の整備、集合知による政策決定など、これまで国が執行していた公共機能を民間組織が担うようになっている。

6)　AND 人間の育つ社会

　学習力と生活力、生き方を描ける力の養成が重視される。教育ではアクティブラーニングが進展し、学習能力が増強される。AI 社会の進展に伴い、学校教育も単純記憶から抽出力や思考力が問われるようになる。また、「人生三毛作」として、成人や高齢者のリカレント教育が一般化し、科学的知見も導入され、認知症対策としても寄与する。

7)　ぴんぴんコロリ社会

　科学技術の進展により、健康寿命が延伸するとともに入院日数が 1 泊 2 日となり、入院や病死の概念がなくなっている。ライフログや遺伝子情報を基に個

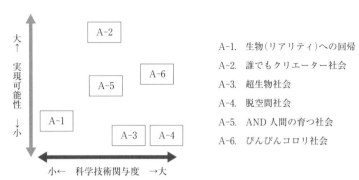

出典）　科学技術予測センター：「第11回科学技術予測調査2040年に目指す社会の検討
　　　（ワークショップ報告）」、NISTEP RESEARCH MATERIAL、No. 276、文部科学省科
　　　学技術・学術政策研究所。
　　　http://doi.org/10.15108/rm276

図 2.12　理想の社会像の実現要素

表 2.5　理想の社会像の実現要素

社会像	科学技術要素	科学技術以外の要素
A-1	林業等で活躍するロボット、里山環境保全システム、自然共生技術等	自然科学以外との連携、AR/VR による社会問題への対応
A-2	3D プリンタ、匠の技の活用（データの活用）等	権利処理システムの整備
A-3	人間にも接続される "IoT"("IoH")、AI 技術、AR/VR 技術、ロボット技術、認知科学等	AI 社会における法整備や AI が出す結果に対するコンセンサスや責任の範囲の合意等
A-4	AR/VR 遠隔労働システム、宇宙・海洋居住技術等	働き方改革（働き方、学び方を含む）
A-5	AI	AI リテラシー
A-6	記憶誘導剤、軽労化アシスト技術、AR/VR 味覚改善技術、個人健康管理技術（コンタクトレンズ型ライフログを含む）等	予防に対するインセンティブの付与等を元にした医療報酬制度の見直し

出典）　科学技術予測センター：「第11回科学技術予測調査2040年に目指す社会の検討
　　　（ワークショップ報告）」、『NISTEP RESEARCH MATERIAL』、文部科学省科学技
　　　術・学術政策研究所、No. 276。
　　　http://doi.org/10.15108/rm276

人に対応した医療やコンタクトレンズ型などのウェアラブル健康センサにより、予防的な医療が進展することがその背景にある(図 2.12、表 2.5)。また、記憶誘導剤などの技術もぴんぴんコロリ時代に寄与する。

第 2 章の引用・参考文献

[1]　国立研究開発法人科学技術振興機構　研究開発戦略センター：「AI の新潮流」
[2]　経済産業省：「AI 関連発明の出願状況を調査しました」、2020 年 7 月 27 日
[3]　国立研究法人人科学技術振興機構　研究開発戦略センター：「人工知能研究の新潮流～日本の勝ち筋～」、2022 年 12 月 7 日閲覧
　　　https://www.jst.go.jp/crds/pdf/2021/RR/CRDS-FY2021-RR-01.pdf
[4]　内閣府科学技術・イノベーション推進事務局：「AI 戦略 2022 の概要」、令和 4 年 4 月
[5]　PwC コンサルティング合同会社：「令和 2 年度規制改革推進のための国際連携事業(AI の利活用及び開発に影響を与える政策ツールに関する動向調査)―GPAI(Global Partnership on AI)関連調査」、p. 42、2021 年 5 月
　　　https://www.meti.go.jp/meti_lib/report/2020FY/000191.pdf
[6]　石井加代子、澤田朋子、張智程、長谷川貴之、原田裕明、八木岡しおり、山村将博、吉田裕美：「海外主要国の科学技術・イノベーション政策概論」、『科学技術イノベーション政策の科学コアコンテンツ』所収、政策研究大学院大学科学技術イノベーション政策研究センター、2023 年 3 月 6 日閲覧
　　　https://scirex-core.grips.ac.jp/5/5.4/main.pdf
[7]　総務省：「ICT の進化が雇用と働き方に及ぼす影響に関する調査研究報告書」
[8]　総務省：「平成 28 年度情報通信白書」
[9]　総務省：「ICT の進化が雇用と働き方に及ぼす影響に関する調査研究」、2016 年
[10]　文部科学省：「わくわくドキドキ 2040 年の未来」
　　　https://www.mext.go.jp/kids/find/kagaku/mext_0002_00001.html
[11]　科学技術・学術製作研究所：「第 11 回科学技術予測調査　2040 年に目指す社会の検討(ワークショップ報告)」、2018 年
[12]　文部科学省科学技術・学術政策研究所　科学技術予測センター：「第 11 回科学技術予測調査」2040 年に目指す社会の検討(ワークショップ報告)」、2018 年
　　　https://www.nistep.go.jp/wp/wp-content/uploads/NISTEP-RM276-FullJ.pdf

第3章

イノベーションと起業

　劇的な進化を続ける AI 技術は今後一層社会実装が進む。その中でビジネスの好循環を生み出し、よりよい社会を生み出すことが求められている。このため、知的財産の活用に加え、予測が困難で、かつ変化の著しい環境においてイノベーションや起業という前に向かう力、革新的な力が社会、組織、個人に対してさまざまな価値をもたらすであろう。本章では、そのイノベーションと起業について概説する。

3.1　起業

　起業の「業」とは、『新明解国語辞典』によると「毎日義務として一定量こなさなければならない仕事」、狭義では「家業・営業を指し、広義では学業をも指す」であったり[1]、「生活の中心を支える仕事、暮らしの手だて、本務、学問」とも記されている[2]。ところが「業」に「起」が加わり「起業」となると、かなり意味合いが異なってくる。起業とは、「新しくそれまで無かった事業を始める事」[1]、「新しく事業を始める事、特にベンチャー」[2] とされている。個人事業主として配達を始めたり、学習塾や何らかのお店を始めることやそれまでなかった事業を始めることすべてが起業である。

　例えば学習塾を始める場合、その外部環境を見ると全国における学習塾の数は 46,374 軒、従事する人の数は 32 万 7,500 人と相当な規模であることがわかる[3]。規模が大きいということから、熾烈な競争が行われており、差別化された独自の価値が求められることは容易に想像ができる。

　このように、競争社会において自らが起こした事業を成功させるためには差別化が求められる。他者と異なる発想を具現化し、価値創造に結びつけ、そこで得られた価値を用い、事業をブラッシュアップし続けることにより継続、発展するのである。

　例えば Apple 社はそれまで創造してきた価値を用い、ブラッシュアップや組合せを行うことで画期的な新製品である iPhone を世に出した。新たな価値を生み出し、その後もサイクルを回し、成功している好事例といえる[4]。

3.1.1　世界から見た日本の起業

　日本の都市における起業環境を世界の他の都市と比較すると、東京がベスト 12 にランキングされている。トップは米国シリコンバレー[1)]、次にニューヨー

---

1)　米国西海岸カリフォルニア州北カリフォルニアに位置するサンフランシスコから南の湾岸地区を指す。最大都市はサンノゼ、その他はパロアルト、メンローパークなど。現地ではベイエリアと呼ぶのが一般的。

ク、ロンドン、ボストン、北京と続き、北京はアジアで最高ランクとなっている（図3.1）。

図3.1に示されている各指標について（10点満点）、概要は下記のとおりである。

Perfomance（パフォーマンス）：2年半の企業価値、大規模上場などを果たした数やそこまでに至る速さ、成長度合いなど。

Funding（資金）：資金調達額、資金調達の伸び、投資家の数および経験など。

Connectedness（連携性）：マッチング、コネクティング（人脈形成）、プレゼンテーションなどを行う機会、成長を支援する組織、研究助成金など。

Market Reach（市場活動）：企業評価額が10億ドルを超える企業がGDPに占める割合、知的財産の商業化、知的財産の商業化促進政策など。

Knowledge（知識）：出版物への影響、特許数など。

Talent＋Experience（人材、経験）：採用時にスタートアップ企業の経験が2

	Overall Ranking	Performance	Funding	Connectedness	Market Reach	Knowledge	Talent + Experience
Silicon Valley	1	10	10	10	10	10	10
New York City	2 (tie)	10	10	9	10	5	10
London	2 (tie)	9	10	10	10	6	10
Boston	4	10	9	8	9	7	9
Beijing	5	10	8	3	9	10	10
Los Angeles	6	9	10	7	9	7	9
Tel Aviv	7	9	8	10	10	6	8
Shanghai	8	9	6	1	9	10	9
Seattle	9	8	7	6	8	8	8
Seoul	10	7	9	7	5	8	7
Washington DC	11	8	6	8	7	3	8
Tokyo	12	5	8	1	4	9	9
San Diego	13	8	4	3	8	7	6
Amsterdam-Delta	14	5	7	10	6	1	7
Paris	15	1	8	7	1	1	8
Berlin	16	6	7	8	4	1	6
Toronto-Waterloo	17	1	9	9	3	1	7
Singapore	18	1	9	4	8	1	5
Chicago	19	4	6	5	6	1	7
Sydney	20	7	5	6	5	1	5

出典）　Startup Genome LLC "The Global Startup Ecosystem Report GSER 2022"
　　　https://startupgenome.com/reports/gser2022、p. 27、p. 28

図3.1　グローバル起業エコシステムランキング

　　　　　　　　　　　　　　　　　　年以上ある割合、トップクラスの開発者
　　　　　　　　　　　　　　　　　　数、英語力、理系の学生および卒業生数
　　　　　　　　　　　　　　　　　　など。

　ベスト30に入っている米国の都市は14、アジアでは中国が4都市、日本は東京のみである。特に、東京は連携性において10点満点中1点、つまり起業家にとってのマッチング、コネクティング、プレゼンテーションなどを行う機会、成長を支援する組織、研究助成金などが調査対象都市の中で最低ランクとなっている。連携性で10点満点を獲得しているのはシリコンバレー(米国)、ニューヨークシティ(米国)、ロンドン(英国)、テルアビブ(イスラエル)、アムステルダム(オランダ)である。筆者はいずれの地域にも訪問し、起業家たちと交流を行った。確かに起業家が技術や思いなどをプレゼンテーションする機会が日々さまざまな場所で開催され、その大小の活動を支援する個人、組織も多く存在している。次々と見知らぬ人同士がカジュアルな対話を行い、そこに自治体関係者も加わり、積極的に助成金制度などの紹介を行うといった、東京ではなかなか見られない光景を目の当たりにした。

3.1.2　日本の起業実態

　図3.2に示すように、日本において起業を希望する者、起業の準備をする者、起業家をデータで見ると、いずれも減少傾向にある。他方、起業家の減少割合はその他に比べ緩やかになっている。つまり、起業を企図する者は減る傾向にあるが、一旦起業すれば、起業家という立場を維持する傾向にあるといえる。

　図3.2で見られる傾向に対し、副業として起業をする者や副業として起業を準備する者は増加傾向にある。つまり、副業的な起業が起業を希望する者や起業を準備する者の減少を補っているといえる(図3.3)。

　起業家の内訳を見ると、近年特定の組織に属さず、自らのもつ技術や技能、スキルを拠り所に個人で活動する形態の企業、いわゆるフリーランス起業家の割合が46.2%となっており、存在感を示している。フリーランス起業の目的

出典）　中小企業庁編：「中小企業白書　小規模企業白書　2020年版（上）」、中小企業庁、p. I-151、第1-3-35図

図3.2　起業の担い手の推移

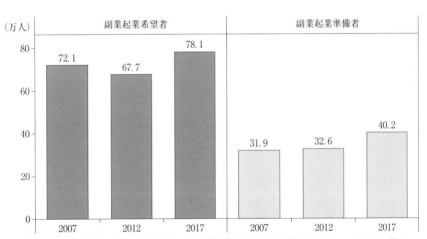

出典）　中小企業庁編：「中小企業白書　小規模企業白書　2020年版（上）」、p. I-152、第1-3-36図

図3.3　副業希望者、副業起業準備者の推移

を上位から順に見ると以下のとおりである。

　　自分の裁量で自由に仕事をするため：57.4%

　　自分の好きな仕事をするため：50.7%

　　仕事の経験や技術、知識、資格、スキルなどを活かす、試すため：40.0%

自身や家族の生計を立てるため：32.4%

自分の趣味や特技、アイディアを活かすため：27.6%

性別や年齢に関係なく働くため：20.1%

より高い所得を得るため：19.4%

新たな事業にチャレンジするため：18.8%

家庭との両立を図るため：17.2%

自身の経験の幅や人脈を広げるため：17.1%

社会課題の解決、社会貢献するため：6.5%

経営者として社会的評価を得たいため：2.8%

　組織に属すると完全には実現しづらい「裁量・自由」や「好きなこと」という目的が上位にあり、ワークライフバランス重視、もしくは自らの意思でワークとライフの線引きを曖昧にしたいという意志が根底にあると考えられる。

　日本の起業活動者が成人人口に占める割合の推移(2012 年～2018 年)を米国、英国、ドイツ、フランス、イタリア、中国と比べた場合、いずれの年も低位にあり、2018 年においては 5 番目となっている。起業希望者などの潜在的な起業家も減少傾向にあるのは、諸外国に比べ必要な外部環境、条件が整っていないということや起業に対して前向きなイメージが低いことが関係していると推察されている[5]。

3.1.3　起業事例

　次に、筆者が直接ヒアリングした日本の起業事例を紹介する。

(1)　株式会社シナモン

①　会社概要

　機械学習、ディープラーニングを活用した人工知能に関連するプロダクト開発、コンサルティング。

②　創業者：平野未来

　レコメンデーションエンジン、複雑ネットワーク、クラスタリングの研究に従事し、在学中にネイキッドテクノロジーズを起業。iOS、アンドロイド、ガ

ラケーでアプリケーションを開発できるソフトを開発、2011 年 mixi に売却、同年シナモン創業。

③　創業者コメント

学生のとき、複雑系の研究していた際、グーグル創業者のラリー・ペイジやセルゲイ・プリンは論文で名前を見る身近な研究者だった。同じ分野出身の彼らが社会ニーズにフィットするプロダクトを開発し、人々の生活のあり方や情報への取組みを大きく変えた。その成功ストーリーを見て、自分も社会を変えたいと考え起業した。行動する事が重要。研究者や開発者は陥りがちなのは、よいプロダクトを作れば皆にいつか伝わると勘違いし、完成度を高めるために多くの時間を使うこと。自身も高い勉強代を払ったことがある。マーケットの声を聞く、思いついた段階で聞く事が大切[7]。

(2)　Global Mobility Service 株式会社

①　会社概要

フィンテックと最先端の IoT によるモビリティファイナンス。

②　創業者：中島徳至

過去に 2 社起業、1 社目は日本市場向け電動自動車(EV)の開発、生産、販売。2 社目はフィリピンを中心とした電動自動車(EV)事業会社。一貫してモビリティ関連事業に携わる。

③　創業者コメント

2 社目の会社を立ち上げた際、フィリピンでは多くの職業ドライバーが自身で車を所有していない事実に直面した。懸命に働いても低所得層から脱却が困難であることがわかり、モビリティを通じて真面目に働く人が正しく評価される仕組みを創造するために、3 社目を起業した。

上記の起業事例を見ると、経験、専門、知識を活かし、創業者自らが感じた課題をビジネスを通して解決するという強い意志が感じられる。株式会社シナモン創業者は自分も社会を変えたいと述べ、Global Mobility Service 株式会社の創業者は低所得という課題を経済合理性を通じて解決しようとしている。こ

のように、起業においては目的やモチベーションがその引き金、原動力になっている。また強みを活かし、他者とは異なる発想により、競争社会における唯一性、優位性を発揮することが、起業し、事業を継続、成長させるためには欠かせないものといえる。

3.2　起業家精神

日本で起業家精神はアントレプレナーシップ（Entrepreneurship）ともいわれることが多い。起業家精神は心、気持ち、思いといった精神面を指すものであるため、英語で正しくはアントレプレナーシップ　スピリット（Entrepreneurship sprit）となる。理由は定かではないが、長く言いづらいので後のスピリットは省略されたものと思われる。本来アントレプレナーシップとは行動や制度などを表すものであるが、日本では精神、行動や制度を含んでいるといえる。

アントレプレナーの語源は、マルコ・ポーロ（1254-1324）の大航海時代に仲買人や興行主をフランス語で Entreprendre と呼んでいたことから来ている。その後経済学者のヨーゼフ・シュンペーター（1883-1950）が経済発展の理論の中でアントレプレナー（企業者）の概念を明確にし、企業者という言葉が広く認識されるようになった。シュンペーターはイノベーションを遂行する者を企業者としている[8]。経済発展において重要な役割を果たし、イノベーションを遂行する者を企業者としたことから、現在の起業家という表現に結びついていったものと考えらえる。

3.2.1　行動面での起業家精神

MIT REAP（Regional Entrepreneurship Acceleration Program）東京チームの調査[9]によると、人口あたり特許出願数は韓国と日本が群を抜いており、フィンランド、スウェーデン、オランダ、デンマークと続いている。新規ビジネス密度はオーストラリアが2位以下を大きく引き離し、シンガポール、アイスランド、チリと続いている。韓国や日本は人口あたりの特許出願数が多い反

面、新規ビジネスの密度は低く、日本はインドと並び最下位となっている。これは、日本では特許を出願するという行動と企業を設立するという組織や個人のモチベーションが相関関係にはないことを示している。例えば新規ビジネスの密度の高いオーストラリアの人口あたり特許出願数は、中位よりも下になっている。

　組織で見た場合、不確実性に取り組み、研究で得た知見を最終製品にしたり、組織内で発生した画期的な発想、発想に至る力を誰が活用しているかというと、小さな組織であれば創業者、一定以上の規模の組織であればその多くが誰もしていない、もしくはできないかしづらい現実にある。昨今そのことに気づいた企業は組織内の人、チーム、制度、さらに政府もさまざまな観点から見直し始めており、行動や制度面のアントレプレナーシップが進みつつあるといえる。

3.2.2　精神面での起業家精神

　起業とは前述のとおり、新たに事業を行うことである。しかし、起業家精神は起業する人に限らず、何らかの組織に属する場合にも求められている。起業家精神とは何か、まず日本の大手グローバル企業トップのメッセージを引用し、考察する。

(1)　トヨタ自動車㈱　豊田章夫社長(当時)

　「今、私たちは多様化した世界で、正解のわからない時代を生きています。こうした時代を生き抜くために、大切なことは何か。とにかく、何かを決めて、動いてみることだと思います。例えばカーボンニュートラル。昨年の始めの頃は、目標だけは掲げられていたけど、具体的には何をすれば良いのか、誰も何もわからない状況だったと思います。まずは正しく理解する事から始めよう。そしてゴールはカーボンニュートラル。「山の登り方は一つではない」。「敵は、内燃機関ではなく、炭素」。まずは、「自分たちでできることをやってみよう」と水素エンジンで、スーパー耐久[2]に参戦いたしました。想いを伝えるために

---

2)　スーパー耐久とは、日本で行われる自動車レースのカテゴリーの一つであり、市販の四輪自動車を改造したマシンで勝敗が争われるもの。

は、行動で示すしかありません。私たちの行動。それは「商品」です。正解が
わからないときこそ、トップ自らが意思決定をして、行動しなければならない。
現地現物で、商品であるクルマをともにつくり、壊し、直し、またつくる。こ
れを繰り返したことにより、クルマは、どんどん強くなってまいりました。」
（2022年年頭あいさつより抜粋）[10]

(2)　ソニーグループ㈱吉田憲一郎会長

　「ソニーは人の夢によって生まれ、そして、成長してきた企業です。技術の
力を用いて人々の生活を豊かにしたい、という強い思いを持ったファウンダー
の夢から生まれました。この思いは、現在のソニーのPurpose（存在意義）であ
る「クリエイティビティとテクノロジーの力で、世界を感動で満たす」の起源
ともなっています。ソニーの事業は多岐にわたり、それを強みととらえていま
すが、多様性の中にある「人」という基軸は不変です。そして、ソニーの多様
な事業領域からは、数多くの挑戦の機会が生まれます。自分にどのような貢献
ができるかということを徹底的に考え、広い視野を持ち、積極的に挑戦してい
くならば、活躍し成長するフィールドは全世界のソニーグループに広がってい
ます。ソニーはこれからも、テクノロジーに裏打ちされたクリエイティブエン
タテインメントカンパニーとして、また世の中に安心や安全を提供する企業と
して、新たな顧客価値を生み出し、それによって社会に貢献していきます。」
（採用メッセージより抜粋）[11]

　上記2社のキーワードは下記である。

　　トヨタ：多様化した世界、正解のわからない時代、正しく理解する、山の登
　　　　　　り方は一つではない、行動、「つくり、壊し、直し、またつくる」
　　ソニー：存在意義、クリエイティビティとテクノロジー、多様性、人、挑戦
　　　　　　（の機会）、新たな顧客価値、社会貢献

　上記キーワードに共通する主な精神は「多様な中で何らかの価値を生むため
の行動欲や挑戦欲」であり、この欲をいかに高めるかが重要といえる。

　著名な経営思想家であり、多くの若者や経営者に影響を与えているピー
ター・F・ドラッカー（1909-2005）は、2005年に日本の出版社から受けた取材

に対して下記のように述べている[12]。

「日本に起こっている変化の一つに起業家精神の機運が高まっている事が挙げられる。若い世代に自ら会社を起こして経営の道を志す人が多数現れ、大企業グループによる起業家支援も大きな成功を収めつつある。」

「実を言えば、起業家精神は日本のお家芸でもある。企業グループがグループ内の起業家を支援し出資すると言う伝統は明治期にまで遡る事ができる。」

「私たちが生きる時代は移行期に差し掛かっており、変化の時を迎えている。残念ながら私には生き方を教える事はできない。しかし知識労働が中核をなす知識社会の進展に伴って、私たち一人一人に強く要求される様になってきた事がある。それが個人のイノベーション。」

「いま何を捨て、何を選択し、自己を高めるために何を学ぶべきか、絶えずこう問いかけ続ける姿勢こそ、個人のイノベーションを促進するものである。」

「日本の若い世代の人たちには20代から遅くとも30代前半のうちに、少なくとも2〜3年は日本を離れて、他国で働く経験を積む事をお勧めしたいと思う。情報が高度に専門化し、ごく限られた領域だけを守備範囲とするスペシャリストが増えている世の中で、日本人は若者を他分野にまたがる知識や技術を持ったゼネラリストに育てる術に長けている。それにも関わらず、私が接してきた日本人の中には、視野が狭く、世界について十分な知識が備わっていないと感じさせる人が多数存在した。海外経験の少なさがその原因。学ぶべき課題は日本の外にいてこそ得られる、是非とも国外に行って視野を大いに広げてほしい。知識社会が将来する新しい時代においても、日本が世界のメインパワーであり続けるための原動力になる事を願っている。」

起業家精神とは日本を代表する企業経営者とドラッカーの言葉から下記がその根幹をなすといえる。

- 行動（欲）・挑戦（欲）
- 個人のイノベーション
- 学び続けること

3.3　イノベーション

　3.1.3項において、強みを活かし、他者とは異なる発想により、競争社会の中における唯一性、優位性を発揮することが事業を継続、成長させるために欠かせないもの、と述べた。イノベーションは他者とは異なる発想からの価値創造行為や結果を包括的に表現したものである。またここでの価値は貨幣的価値にとどまらず、もっと広義な環境なども含めたものと捉えるのが正しい。

　そしてイノベーションプロセス(価値創造プロセス)には、大きく分けてクローズドイノベーション(閉鎖型)とオープンイノベーション(開放型)がある。

3.3.1　クローズドイノベーション
(1)　クローズドイノベーションの誕生

　科学技術の歴史を見ると19世紀は注目に値する。例えばジョージ・スチーブンソン(1781-1848)は蒸気機関車で車両を牽引するという鉄道事業を始め(図3.4)、発電機の祖ともいわれるマイケル・ファラデー(1791-1872)は電信機による符号通信であるモールス信号を発明した。またX線の発見、ダイナマイトの発明もこの時期である。

　しかし、産業界でこれらを活用する事例は意外に少なかった。発明家兼起業

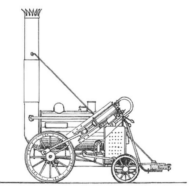

出典)　齋藤晃：『蒸気機関車200年史』、NTT出版、p. 46、図4-5、2007年
図3.4　ジョージ・スチーブンソン蒸気機関車「ロケット号」

家であるトーマス・エジソン(1847-1931)のように科学技術をビジネスに応用することは、科学技術の純粋さを標榜する科学者からは邪道とされていた。正統派とされる科学者は実用的な研究は科学ではないとし、現実的な問題の解決に活用することには関心を示していなかった。

つまり大学で教えられる内容とビジネスとの間に大きなギャップがあったのである。当時の科学者にとって科学はビジネスに貢献するものではなく、むしろビジネスに触れることは科学の価値や質を危うくすると考えられていたのである。このため、多くの科学者を抱える大学や政府はビジネス面において大きな役割を果たせず、企業が研究開発からビジネス化まで一貫して多額の資金を投入し、価値を生む技術の進歩を担うようになり、企業内研究所がその活動の主な舞台となった。企業内研究所では、基礎素材、製造工程、場合によっては最終的な商品化までの多くのテーマを研究するため、優秀な人材を独自に採用し、育成した。当然のことながら蓄積された経験・ノウハウに基づく能力を長きにわたり企業に活かすため、終身雇用とする必要があった。

当時のリーディング産業といわれている化学や石油産業ではこうした方法でイノベーションを行ってきた、これがクローズドイノベーションである。

(2)　クローズドイノベーションの成果

クローズドイノベーションは産業界における発見や発明にも大きな成果を上げた。例えばベル研究所はマイクロ波の衛星通信を研究中に宇宙にある暗黒物質を発見し、IBMは超電導を発見、DuPontは多くの化学繊維を発明し、Xeroxはトナーを紙の上に電子的に配置するコピー技術を開発した。このように、企業内研究所による発見や発明によって企業は多大な利益を獲得することができたのである。こうしたイノベーションプロセスの背後にあるのは企業内研究所のクローズドイノベーションであり、研究所と外部との間はほぼ隔離されていたといってよい(図3.5)。

(3)　クローズドイノベーションの変容

一方、20世紀前半ごろから米国において環境の変化が始まった。トーマス・エジソンは生涯において1,300の発明をし、さらにGEを含む14の会社を

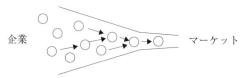

出典）　ヘンリー・チェスブロウ著、大前恵一朗訳：『OPEN INNOVATION』、産業能率大
　　　学出版部、p.6を参考に筆者作成。

図 3.5　クローズドイノベーションの概念図

設立した。彼は常々「発明は人々の役に立たないと意味がない」と強く主張し、それによって科学技術界と多くの軋轢を生んだ。しかし、事業が大きな成功を収め、その資金が開発資金として還元されるというサイクルが回り始めるにつれ、発明家が革命的な新製品を出し、ビジネスに結びつけることは科学技術の発展にとって必要なことであると認識されてきたのである。このころから、米国の州立大学などが地元産業の要請に応え技術開発を共同で実施し、企業内の研究所に人材を供給するようにもなってきた。

　このように、科学技術の社会実装は価値があるものとして認められ、人や技術の流れが変化するオープンイノベーションの萌芽期に入ったのである。しかし、まだ本格化には至っておらず、大勢においてはクローズドイノベーションが主流であった。

(4)　クローズドイノベーションの限界

　クローズドイノベーションは変化の兆しを示しつつも成功を収めていたが、主に2つの面においてクローズド型だけでは立ち行かなくなってきた。

　1つ目は人材である、1980年代以降、優秀な人材を1つの企業に固定化するのが困難になり始めた。そこで企業は組織内ローテーション、部門間や関連会社への異動などで対応したが、終身雇用であることに変わりはなかった。その結果、本人の思いを充足できず、自然と人材の流動化が進んだのである。当初の流動化は一定の域内に留まるケースが多かったが、徐々にグローバルな動きにもなってきた。また人材のレベルが上がり、各人がもつ価値観も多様になったことから、「企業が人を選ぶ」というオーソドックスな採用方式ではなく、「人が企業を選ぶ」という傾向が顕在化し、かつ複数の企業を兼任する猛者も

現れてきたのである。そうなると、企業はいくら大金を積もうが、いくら働く
人の自尊心をくすぐる著名な企業であろうが、人材を固定化することが困難に
なり始めたのである[13]。

2つ目は、企業の方針に基づいた技術の価値化である。企業は技術を厳選・
ブラッシュアップし商品化するが、残りの大部分の技術は使わずに仕舞い込ん
でしてしまっている。例えば P&G が所有している特許のうち、少なくとも1
つの事業で積極的に使われているのは全体の 10% ほどで、残りの 90% はビジ
ネス上の価値を何ら生んでいない。ダウ・ケミカルは 1993 年以降特許ポート
フォリオの緻密な分析を行っており、1993 年の調査結果によれば 19% が業務
に使われ、33% が防御的な使い道が考えられるものだったが、23% はライセ
ンス提供、25% はまったく使われていなかった[14]。

つまり人材の囲い込み、技術先行・商業後づけ型では限界が生じるというこ
とであり、むしろ人材流動を前提とし、技術・商業一体指向型が時代の趨勢と
して求められてきたといえる。つまり、クローズドイノベーションの限界であ
る。

3.3.2　オープンイノベーション

複雑化する社会において、閉じた環境では開発できない、充足できないとい
う前提の下、企業・組織は環境変化に適応し、また自らが変化を創り出すため、
米国を起点としてオープンイノベーションという経済成長エコシステムが取り
入れられた。イノベーションにおいて閉じた環境であった企業・組織は外と内
(自ら)の境目を見極めたうえで、クローズとオープンの戦略を分け、実行した。
オープンイノベーションの根底には、シュンペーターが 1912 年に発表した論
文「経済発展の理論」において、「アントレプレナーによる Neue Kombina-
tion(英訳 New Combination)によって価値創造が起こる」としたことがある。
この考え方が、その後のシュンペーターの論文、著作において中心理論となる
イノベーションのベースとなった。イノベーションという言葉はシュンペー
ターがラテン語の「Innovare」(内に新しい発想を導入し、新しくする)に実行

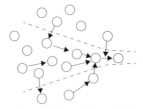

出典）ヘンリー・チェスブロウ著、大前恵一朗訳：『OPEN INNOVATION』、産業能率大
　　　学出版部、p.9 を参考に筆者作成。

図 3.6　オープンイノベーションの概念図

するという意味をかけた造語である[15]。イノベーションのベースを New
Combination による価値創造とした場合、オープンにしたほうがその実現可能
性が一層高まると考えるのが自然である（図 3.6）。

（1）　人材の流動化

　1980 年代には人材の流動化が進んだ。それも域内・国内流動からグローバ
ルな流動となり、人材のレベルが向上、多様化も進んできた。自らが開発した
技術が特定の組織の利益にのみ貢献するのではなく、広く普及させたいという
モチベーションも流動化の要因である。例えば X 社の R&D 部門で開発され
た A という技術は自社の製品に活かし、X 社の利益にのみ貢献する、という
企業側の当たり前の価値観には満足せず、その技術をより広く世界に広めたい、
またこれは人にもよるが、より多くの報酬を得たいと思うようになったのであ
る。クローズドイノベーションの前提は、比較的長期に 1 つの組織に人が所属
し研究を行う、というものであるが、人材が流動化することにより、その前提
が崩れ、境界を跨いだ連携を行う必要性が生じているのである。

（2）　オープンイノベーションの資金

　起業し、成功を収めた創業者、ストックオプション制度などで株式上場後に
一定の資金を得た幹部や社員が自ら起業したり、別のスタートアップ企業にリ
スクマネーを投じるようになってきた、いわゆるエンジェル投資家である。エ
ンジェル投資家は、特に起業間もないシード期のスタートアップ企業へ投資す
ることが多い。シード期はコンセプトから少し進んだ段階であるため、通常の

デューデリジェンスで企業価値を算定することは困難である。シード期への投資判断で重要なのは、創業メンバーの人的スキル、人柄、コンセプトの将来性などであり、それらをエンジェル投資家がもつ経験や情報網によって検討する。スタートアップ企業は通常シード期から始まるのであり、この時期におけるエンジェル投資家なくしてその後の社会実装、価値創造は実現しないことから、極めて重要な存在といえる。

　エンジェル投資の次の資金調達ステージ、つまり比較的多額の資金が必要になるとベンチャーキャピタルが投資を行うのが一般的である。ベンチャーキャピタルはMIT発のシーズ技術を萌芽させることを目的として1946年に設立されたAmerican Research and Development Corporation（ARDC）が始まりである。

　ARDCは、今でいう大学発スタートアップ企業を創出し、価値化するための投資組織である。最初の成功案件はDigital Equipment Corporation（DEC）である（後にコンパックが買収、コンパックはHewlett Packard Company（HP）に買収された）。ARDCは1957年のDEC起業時に7万ドルを出資し、それが1966年にDECが株式を公開した際には200万ドルもの資産価値になった。わずか9年で実に28倍以上になったのである。このような目立つ成功事例が出始めたことにより、ベンチャーキャピタリストやエンジェル投資家が増加し、起業家に対して一層リスクマネーが投じられるようになったことがオープンイノベーション・エコシステムにおいて大きな役割を果たしたのである。

　そしてこのオープンイノベーションの大きなうねりは企業に対し、研究開発のみならず、組織やバリューチェーンも含んだバウンダリーを見直し、クローズとオープンを明確化する戦略を考えさせるきっかけとなった。そしてオープンイノベーションによるNew Combinationが価値創造する実例が顕在化してきたのである。これらは科学技術の分野にとどまらず、ビジネスモデルを見直すきっかけにもなった。

　イノベーションマネジメント学者のジェンズ・フレスレフ・クリステンセン

は役に立つ知識が分散して存在しており、最大最強の企業でも、必要とするすべての重要技術を自前で開発するできないことをオープンイノベーションの前提としている。知識の偏在する世界では、積極的に社外にテクノロジーを求めていくことが正しく、自前のテクノロジーを好んで社外のテクノロジーを無視すれば危機に立たされるのである[16]。

　例えば大手企業はその総合力を活かした事業を展開しているが、事業領域や技術を細分化して見た場合、ある部分に突出した強みをもつスタートアップ企業がその細分化した事業領域や技術に挑戦してきている。大手企業にとって（大手に限らないが典型的な例として）スタートアップ企業との協業、つまりオープンイノベーション活動は必須といえる。

　世界的に見て規模が大きかったり、歴史が長かったり、上位下達傾向が強かったりする組織ほど内向きになり、クローズドイノベーションの罠にはまってしまうことが多い。このため、意識的にオープンイノベーションを推進し、それを組織内もしくは個人の文化的なものとして定着させることが、変化の激しい社会において生き残り、成長する唯一の道といえる。

3.4　これからのオープンイノベーション

　「これから」を考える際の題材として、世の中に大きな変化をもたらした新型コロナウイルス（COVID-19）[3]は世界共通のキーワードであり、考察に値する。

　コロナ発生当初はウィルスの専門家やSARS[4]を知る者以外、その影響をやや過小視していたと思われる。SARS禍において日本から中国に駐在していた現地責任者は情報収集に奔走し、中国国内で急速に広がる感染への対策を講じた。現在は当時よりもサプライチェーンが広がり、人流は国境を意識せず一層

---

3)　一般的な風邪の原因ウィルスの一種、電子顕微鏡像からコロナウィルスと命名された。2019年12月に初めて発見され、全世界へ拡大した新興感染症。

4)　2002年から2003年にアジアやカナダで流行した重症急性呼吸器症候群（Severe Acute Respiratory Syndrome）。

活発化していることから、SARS よりも広がることを懸念されていた。しかし、これほど早く変異株が次々と生まれ、イタチごっこになることは専門家を除く多くの国民には予見できなかった。

　ここでは、本章のテーマであるイノベーションの視点から、何が課題であったか、そして求められるものを述べる。なお、医療面については簡便に述べるに留める。

3.4.1　コロナの課題

　感染が急激に増えると病院、クリニックなどにおいて資機材が不足し、医療関係人員も不足する。首都圏だけであれば他の地域に応援により、しのぐことができたとしても、点が面に拡大するとそうは言っていられなくなる。つまり医療資源のバランスが崩れてしまい、混乱を引き起こしてしまうのである[17]。比較的平和な平時とは違うのである、こういうときに企業でいうところのアライアンス、コンソーシアム、DX(デジタルトランスフォーメーション)を活用した BCP(事業継続計画)が求められ、今回その必要性を痛感したはずである。

　そして感染拡大を早く抑え込もうとすれば、人々の行動を強く制限する必要がある。しかし行動を制限することと経済を回すことはトレードオフになる、特に飲食・サービスなど人が集うことでお金が回る業界は大打撃を被る[17]。一方、GAFA[5]に代表されるデジタル、IT 系企業はネットワークさえ繋がればビジネスを遂行することができるため(ただし EC 系(電子商取引)は倉庫、配達への影響を受けてしまう)、コロナエフェクトがプラスに働いているということも耳にする。

3.4.2　コロナに対する適応力

　経済は全業種がマイナスの影響を受けるのではなく、上述のデジタル、IT 系に加えて、危機に際して組織的フットワークの軽い企業はレジリエンス力を

---

　5)　米国の大手 IT 企業 Google、Apple、Facebook(現 Meta)、Amazon の頭文字。

発揮し、マイナス影響を軽微に留めるか、逆に売上、利益増を実現している。日本電産（現 ニデック）の創業者・現会長である永守重信氏は 2020 年 7 月の定例株主総会後の記者会見で、「テレワーク導入当初は生産性が 1/3 まで低下した」と語り、社長の関潤氏（当時）は、「どれだけ余計な在庫を抱え、固定費がかかっていたかを見ることができた」とした。一方、永守会長は別の場面で「テレワークは、どれだけ働いたか評価ができない、信用できないと思っていた。しばらくの間、遊ばせておけばよいくらいに思っていた。しかし、テレワークで今まで以上に業績を上げる社員が出るようになり、目から鱗が落ちた、人事評価もそれに合わせて変えることにした」と話している[18]。これはまさにレジリエンスの発想であり、バネ効果のように影響が強いほどそれに比例して回復する好例といえよう。

3.4.3　転換点

　コロナにより生活様式、仕事の進め方、そして価値観が非常に短期間に大きく変わった。もちろん元どおりになろうとする大きな力が働き、元に戻るものも多くあるであろう。しかし、楽観視し何も手を打たなければ、企業が置かれている競争社会という環境において、劣勢となるのは明白である。守りに入り、進化するチャンスをみすみす逃してしまってよいはずがない。

　コロナ禍は、元インテル会長兼 CEO のアンドリュー・S・グローブ氏が述べている戦略転換点（Strategic Inflection Point）といえる。戦略転換点は、IT業界特有のものではなく、誰の身にも降りかかる（They're Everywhere）とされている。戦略転換点は数学でいえば変曲点であり、戦略転換点に来るとこれまでの戦略的構図が消え去り、新たな構図が生まれる（図 3.7）。そしてバラン

図 3.7　戦略転換点のイメージ

スが変化し、これまでの構造、経営手法、競争の方法が新たなものへと移行してゆき、元には戻らない[19]。

　コロナによる転換により新たな時代が幕を開けた。従来のオープンイノベーションのトレンドに加え、テレワークによる特定の領域の拡張と分散化、価値観の変化、そして働くことと生活・人生の境界までも曖昧化が進んだ。さらに、コロナなどのウィルス災害もそうだが、地球環境の変化やさまざまな自然災害が損失を生み出していることから、ESG（Environment, Social, Governance：環境、社会、企業統治）やサスティナブル、カーボンニュートラルは経営上において重要なテーマとなり、これらが加味されることによって一層複雑な深化が進むといえる。

　図3.8で表すように、実線で示すクローズド・イノベーションに代わる革新的アプローチとしてオープンイノベーションが提唱され、実線が点線になり、開発技術やいわゆるネタ、さらに人までがグローバルに行き来するようになった。これからのオープンイノベーションは、より複雑で難解なものになる。図3.8の点線の隙間が広がり、点線の線は点に近くなり、出入りが一層促進される、もっと言えば激しくなる。それは非中央集権型オープンイノベーションを示唆しており、雲（クラウド）のような形態になり、雲同士が重なったり離れたりし、その中の粒子があちらこちらに動くことで価値創造が実現すると考える。

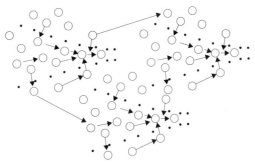

出典）　ヘンリー・チェスブロウ著、大前恵一朗訳：『OPEN INNOVATION』、産業能率大
　　　学出版部、p.9を参考に筆者作成。

図3.8　これからのオープンイノベーションの概念図

　すなわち、組織は組織として存在しているが、オープンイノベーションの領域
においては境界が極めて曖昧になるという意味である。

　開発技術やネタ、ビジネスモデル、人が異動することで、一部では分岐も起
こるであろう。人に関していえばすでに優秀なプロ人材を紹介する仲介会社が
数多く存在している。報酬の形態は時間単位やプロジェクトベースだったりす
るが、プロフェッショナルには非常に好評で、有力仲介会社は急成長している、
これが現実なのである。

　転換点以降の新たな時代のキーワードは、今まで述べてきた歴史や出来事か
ら下記の 3 点といえる。

　Inflection（転換）：不可逆の転換点はいつでも起こりうる。

　Borderless（無境界）：オープンイノベーションの進化によりあらゆる境界が
　　　　　　　　　　　　曖昧になる。

　Inclusion（包摂）：イノベーションと多様性は一体であり、多様性を包摂しな
　　　　　　　　　　　ければイノベーションの実現は困難。

　これからのオープンイノベーションはこの 3 点をより意識したアプローチが
必要である。

3.4.4　Inflection（転換点）

　私たちは Inflection、つまり転換点という変化・変節の最中にいるのである、
注意すべきはこの変化・変節は不可逆、つまり元に戻らないことである。元に
戻ることを期待してばかりいては Inflection を肯定し、オープンイノベーショ
ン戦略を練り直した組織（場合によっては人）に追い越されてしまう。組織にお
いてはトップ、ミドル、現場の全層がこれからあるべきオープンイノベーショ
ンを理解し、複雑化と深化の中で自ら価値創造を行うという意識と行動が必要
である。

　次の Inflection はいつどのように起こるか、その予測は困難である。しかし
この機に外や内からのシグナルに対して感度を高め、バイアスを取り除き、そ
れはシグナルかノイズなのかを判断し、戦略を柔軟に見直す仕組みを講じてお

けばどうだろうか。シグナルとノイズの判別が難しい場合、拙速に重要な判断しないほうが賢明である。放置するのではなく多面的に情報を得るようにするなど、心に留め注意を払っておくべきである。

多くの組織において中期経営計画というものが策定される。通常3年間が単位であることが多く、組織でなく個人でも「3年程度先のことをイメージし、それに向け歩みを進める」ということがよく見られる（3年に限らない）。これによりオープンイノベーション戦略も同じ期間、つまり3年単位のものになるのが自然である。ただし、策定した後も微弱でも重要なシグナルに応じて変えてゆく必要がある。例えば月単位で戦略を見直すことも必要になる。

日本の組織は同調圧力が高いといわれている。微弱な Inflection の初期シグナルをあえて受信しようとしない、受信してもそれをやり過ごそうとしがちである。そのため、シグナルを発信する側、受信する側、両方においてあるべき姿を工夫することが期待される。

3.4.5　Borderless（無境界）

Inflection の前は、多くのビジネスマンは県を跨ぎ、国境を超え活動をしていた。これからはこのような物理的移動に加えオンラインによるインターネット空間上の移動が一層常態化する。数クリックで日本にいながらにして米国、欧州、アジア、アフリカ、中東など、どことでも通信環境さえ整っていればつながり、会話、打合せ、講義などが可能になっている。過去にもオンラインによるツールは使われてきたが、コロナによる行動自粛、行動規制により世界中で一気に活用が進み、今やあたり前のように用いられるようになった。

図3.8に示したオープンイノベーションの漏斗が、点状の線から点に近くなるということは、組織や事業、技術、ビジネスの境界が曖昧になることを意味する。この曖昧さの中でいかに価値を生むか、事業ドメイン6)という言葉があるが、もっと根本的な部分に踏み込まなければならなくなる。例えば「社会イ

---

6)　事業領域の意味。ドメインとは領域や領土など一定の範囲を指す。

ンフラのために○○を開発し作っている」ではなく、「その社会インフラは誰になぜ必要なのかを深く考える」ということである。そして、点線の線が点に近くなることで人も出入りすることを認め、むしろ積極的にそれを推進すべきである。

　下記の経済産業省の文言は示唆に富んでいる。

　「現下の状況においては、コロナ禍の影響で、大企業等による新規事業へのリソース投下や大企業等人材個人による辞職起業が行いにくくなることが見込まれます。これを踏まえ、本事業では、大企業等人材が、所属企業を辞職せずに、自ら外部資金調達や個人資産の投下等により起業した、資本が独立したスタートアップへの出向・長期派遣研修等を通じて行う新規事業(出向起業)を支援します。これによって、これまで活用されてこなかった経営資源(人材・知的財産含む)の開放を促し、新規事業の担い手の数の増加を目指します。」(経済産業省経済産業政策局経済社会政策室:「「令和3年度　大企業人材等新規事業創造支援事業費補助金(中小企業新事業促進対策事業)」に係る補助事業募集要領」、p.3)

　大手企業においても Border を超える活動が活発になりつつある。例えば、本田技研工業株式会社は 2017 年に新事業創出プログラム「IGNITION」をスタートし、既存事業と親和性が高い提案は社内事業化をめざし推進しているが、2020 年には社内での事業化に加え、起業による事業化を加えた。起業に際しては、独立性を担保するため本田技研工業からの出資比率は 20% 未満としている[20]。

　また、川崎重工業株式会社では 2020 年から本社主導による社内公募制度「ビジネスアイディアチャレンジ」をスタートし、2022 年末時点で 300 件を超えるさまざまなアイディアの応募があった。そのうち3件が事業化に近い実証に進んでいる。

　実証後にビジネスとして成立しそうであると判断された場合、事業部門がそのビジネスを推進するというのが従来のやり方である。しかしその場合、事業部門の枠に収まらないアイディアは行き先を失ってしまい、せっかくのビジネ

スの芽を活かせず、お蔵入りとなってしまう。このため、事業部門で引き受け推進するという従来型以外に、新たな部門を設ける、起業する(出資形態は他社やベンチャーキャピタルからの出資なども含めフレキシブルに)、という、従来型と合わせて3つの道を設けている。

　一例を挙げると、「誰もが気軽に乗ることができるモビリティ」というコンセプトで出された三輪の乗り物のアイディアは、アイディアのユニークさを評価し、早期に試作品を製作し、数カ月間にわたるマーケティング、試験を通し、幾度も改良を行った。その後、(株)マクアケが運営する応援購入サイト「Makuake」に100台の数量限定販売として掲載したところ、即日で完売した。目標額300万円に対し、10倍近い2,950万円に達した(図3.9)。コンセプト、ものづくり、販売などすべてのプロセスにおいて広義のBorderless＝無境界の発想で実現したものである。

　Borderless(無境界)と聞くと、国境を跨いで動いたり、国境を超えて何らかのことを行ったりすることを想起しがちである。しかし、これからのオープンイノベーションは、A業界にいる、Bの専門、Cという組織に属している、D

出典）「重さ20 kg積んでも快適走行！　Kawasaki設計のラクラク電動3輪　ノスリス」、Makuake、2022年12月17日閲覧
　　　https://www.makuake.com/project/noslisu/

図3.9　社内アイディアから生まれた三輪の乗り物「noslisu」

地域や場所にいる、だから A、B、C、D の枠からはみ出さないという発想ではなく、意識的に枠を出る、境界線を超えることが求められているのである。Web ツールの進展により物理的に移動をせずとも世界中とつながることができるようになった（ただし、物理的移動、フィジカルな対話を否定するものではなく、むしろそれは重要である）。これにより少なくとも一定程度、地域や場所による制限がなくなってきている。企業の例において、Honda や川崎重工は、境界を超えてもよい自由な発想による挑戦を会社の制度として行っている。業界、専門、組織という境界を超え、3.2 節に示したアントレプレナーシップ　スピリット、つまり行動欲や挑戦欲などをもつ個人・チームを、会社組織が制度としてのアントレプレナーシップで支援し、価値化しているのである。

3.4.6　Inclusion（包摂）

Inclusion の意味は包含、包摂などであるが、Cambridge Dictionary にはもう少し具体的記述がありわかりやすい。そこには「多様な人々の行為を公平かつ平等に」（要約）とある[21]。価値を創造するということは画一性からは生まれず、自ら積極的に多様性を求めてこそ生まれるものである。

英国政府が政策レポートとして 2020 年 7 月 21 日に発表した資料には、障がい者やあらゆる民族、背景をもつ人々がイノベーションに参画する事を促進し、すべての活動において多様性と包摂性を進めることが、イノベーションの強化と経済成長につながる、としている[22]。

身近なところでは、2021 年に我が国で開催されたオリンピック・パラリンピックが挙げられる。グローバルレベルでの多様性とその包摂性を目の当たりにし、国民の感動を呼び起こした。多様な選手たちの挑戦、そして新たなテクノロジー、可能性を見ることができたのである。これはスポーツ界における Inclusion 以外の何ものでもない。

また、2018 年 に IBM（International Business Machines Corporation）フェローの浅川智恵子博士（2021 年日本科学未来館館長就任）からヒアリングした

下記の内容は、Inclusion（包摂）を如実に表している。

「社会に参加するためには情報に接する必要があるが、視覚障がい者は情報へのアクセスが困難である。この課題を解決するため、自ら視覚障がい者としてホームページリーダーを開発した。視覚障がい者がインターネット上のあらゆる情報にアクセスできるようになった。また紙幣の単位がわからないので、スマートフォンで判読できる Money Reader を開発した、このように目が見えないからこそ挑戦できることがある。多様性を受け入れる側、多様性側にいる人、両方が認め合わなければならない。」

オープンイノベーションの醍醐味は技術やビジネスモデルに限った多様性ではなく、人の多様性であり、ますます重要になる。そもそも日本は米国に比べると多民族性を理解しにくい環境にある。だからこそ、価値創造に向けて意識的に広義の多様性を包摂する Incluson 型のオープンイノベーションを推進する必要がある。

3.5 エコシステム

エコシステムとは通常、生態系や生息地を表すが、本書では起業やイノベーション分野におけるエコシステムについて述べる。

起業をした場合（起業に限らず新たな何かを始める場合も同様）、その企業はスタートアップ企業と称される。まさに始まったばかりの企業という意味である。日本では突出した技術やビジネスモデルを核にした、例えば AI、ロボティックス、メタバースなどの新興企業を指す傾向にあるが、海外においては前述のとおり、歩み始めた未上場企業全般を指している。

起業をする場合、必要なものは場所、モノ、資金、人である。スタート時は素早く身軽に進めるため、場所は自宅や米国流だとガレージなど、モノは自分が所有しているものか安価に借りることができるもの、資金は自己資金、人は自らもしくは友人や知人を頼るケースが多い。

英語で "If you want to go fast, go alone. If you want to go far, go together."、「早くしたければ一人で、遠くに行きたければ（仲間達と）一緒に」とい

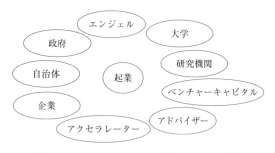

図 3.10　エコシステムの全体イメージ（例）

う言葉がある。この場合の「遠く」は事業を大きくしたり、中期、長期的な発展を指す。

　スタートアップ企業が自らのビジネスを継続、成長させるためには、ビジネスの価値を認め対価を支払ってくれる顧客との関係だけでは成り立たない。継続と成長の為にはさまざまな関係先が必要であり、それらを俯瞰的に表しているのが起業やイノベーションのエコシステムである。全体イメージを図 3.10 に示す。

3.5.1　エンジェル投資家

　まずは少額の自己資本から起業、若しくは血縁関係者や友人からの資金供給も受けてスタートする。その次にエンジェル投資家[7]から資金供給を受けるというイメージである。

3.5.2　大学

　大学の研究室、教授陣の協力を得られるメリットは想像に難くない。また昨今では大学発スタートアップ企業も多く、資金や場所の提供などの手厚い支援を行う大学も増えている。

　2021 年度における大学発スタートアップ企業は 3,306 社で、2020 年度より

---

7)　3.3.2 項　オープンイノベーションを参照のこと。

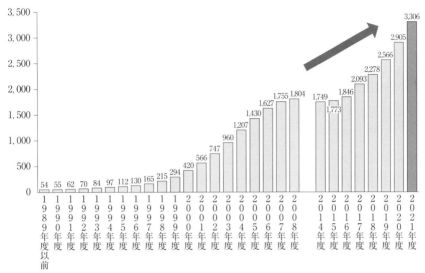

出典）「大学発ベンチャー実態等調査の結果を取りまとめました」、経済産業省ニュースリリース、2022年12月20日閲覧
https://www.meti.go.jp/press/2022/05/20220517001/20220517001.html

図 3.11　大学発ベンチャー数の推移

401社増加し、過去最高の増加数を記録した（図3.11）。なお図表名称は原データどおりベンチャー企業と表記しているが、これは和製英語である。海外では、ベンチャー企業はスタートアップ企業に投資する会社を指す。

3.5.3　研究機関

　研究機関のスタートアップ企業創出、支援事例は下記のとおりである。

　我が国最大級の公立研究機関である国立研究開発法人 産業技術総合研究所（以下、産総研）は国内に11カ所の研究所を有し、約2,300名の研究者が所属している。産総研の取組みの一つとして、産総研の技術を用いた5年以内の企業に対し、知的財産権の実施許諾、研究設備の貸与、専門人材・外部機関・イベントなどの紹介を行っている[23]。

　国立研究開発法人 宇宙航空研究開発機構（以下、JAXA）の新事業促進部は

航空・宇宙分野とは一見かけ離れた分野の組合せ、これまでにない航空・宇宙の活用策などの相談・依頼に対し、積極的に応じている。その内容は、防災対策、農業、森林保全、漁業資源管理に宇宙の技術を使えないか、新製品開発にJAXA特許や試験設備の利用、小型衛星開発におけるJAXA技術者のアドバイス、航空宇宙技術に関連した新たなビジネスの創出、と広範囲にわたっている[24]。

　上述のとおり、当該研究機関の技術、知的財産を用いたものに限らず、JAXAのように思いついたアイディアに対し、専門家がアドバイスを行ってくれるようにもなっている。

3.5.4　ベンチャーキャピタル

　起業した後、その発展過程において一定規模の資金が必要となるが、銀行など通常の金融機関からの融資は、まだ信用力に劣るため、獲得することは困難である。そのため、ベンチャーキャピタルからの出資という形で資金調達を行うことが多い。世界的に有名なのはSequoia Capital（米国）である。220億ドルを運用しており、1,761社に出資した実績があり、その中にはApple、Google、Metaなど多くのテック系といわれる著名企業も含まれている[25]。

3.5.5　アドバイザー

　起業や新たなことを行う際にアドバイザーの存在は欠かせない。専門外の知識や経験に対し、外部から助言を得ることにより、よりよい方向に効率よく進む可能性が高くなる。図3.10で示したエコシステム全体イメージ例の各関係先は、アドバイザーの有力な候補である。アドバイザーは通常有償になるが、エコシステムの関係先で密接な協力関係が構築できている場合や、先輩、知人、恩師などからは無償でさまざまな助言を得られる場合も多い。過去に立上げが順調でうまく成長軌道に乗ったスタートアップ企業の多くは、複数のアドバイザーを活用している。スーパースター級のアドバイザーを揃えているケースもあるが、その場合、多額の報酬が必要とされるであろうから、経営状況とのバ

ランスをよく見たうえで判断する必要がある。また、そのような人材を活用しきれるかについても採用の検討材料として忘れてはならない。

3.5.6 アクセラレーター

アクセルは自動車などの速度調整装置、加速装置としてその意味がよく知られているが、ここでいうアクセラレーターはスタートアップ企業に成長支援サービスを提供する組織を指す。特に初期段階においては、アクセラレーターが提供するサービス(プログラム)を使う場合がある。

アクセラレーションプログラムとは、期間を限定したコホートベース[8)]で行うメンターシップと教育プログラムやコンテンツであり、デモデイといわれる投資家や事業会社、大学、研究機関など外部の人々を招いたプレゼンテーションを最終とするものといわれている[26]。

世界的に有名なアクセラレーターは 2005 年に設立された米国の Y Combinator であるが、彼らは一定額の出資も行っている。ここでは詳述を避けるが、Y Combinator のホームページの記述から、そのプログラム内容や支援実績がわかる(https://www.ycombinator.com/)。

3.5.7 企業

既存の企業は、スタートアップ企業の有する技術やビジネスモデルなどに対し、協業や出資などさまざまな関係性をもち始めている。3.3.2 項で述べたとおり、外部環境として将来が見通しにくい、変化が激しい、内部環境として自社だけでは解決できない、人材の流動性が高まっているなどの理由からオープンイノベーションを推進する中で、スタートアップ企業の存在は看過できなくなってきている。そのため、オープンイノベーションを推進している企業はさまざまなルートから有望な起業家、スタートアップ企業に関する情報を入手するよう努めている。

---

8) 英語で Cohort、共通属性をもつ一団を意味するが、この場合は同時期にアクセラレーションプログラムに採用された複数のスタートアップ企業を指す。

　また、企業がスタートアップ企業に投資するための組織を設立したり、アクセラレーションプログラムを単独もしくはアクセラレーターと共同で実施する場合もある。

3.5.8　自治体

　自治体も各種支援サービスを行っている。例えば東京都の産業労働局は東京都創業 NET という創業・起業する人のための情報プラットフォームを提供し、多面的な支援を実施している。支援内容は、創業・企業に関する一般相談、融資・助成相談、ビジネスプランコンテスト、オフィス、創業・成長支援プログラムなどである[27]。

　すべての自治体とは限らないが、少なくとも都道府県レベルにおいては何らかの制度を設けている。特に構想段階、初期の段階に相談する先として有力である。

3.5.9　政府

　経済産業省はスタートアップ支援策を一覧としてまとめている。そこには 69 項目もの支援が記載されており、それぞれの支援に対する問合せ先も記載されている(2022 年 6 月版)。経済産業大臣(2022 年 12 月時点)の萩生田光一氏は一覧の冒頭で下記のように述べている。

　「私は、スタートアップの方々の新しい技術やアイデアこそが、世界を変えていくイノベーションの源泉であり、スタートアップの活躍こそが成長のエンジンと考えています。そのために、起業してみようとチャレンジされる方々を増やし、より多くのスタートアップが生まれるように支援していくことや、そして、そのスタートアップがより早く、より大きく成長していただけるよう、政策を総動員して意欲あるスタートアップを支援してまいります。例えば、事業化前段階や成長段階における資金調達環境の強化や、未来のスタートアップ創業者になり得る個性豊かで多様な才能を育てるための環境整備など、資金、人材といったあらゆる側面から、支援をしていく考えです。」[28]

　このように、日本政府の起業、スタートアップ企業に対する期待は非常に大きいといえる。

3.5.10　エコシステムを活用するという発想

　起業やスタートアップにとって、ここまで述べたようなさまざまな協力を得ることは不可欠である。ではそれは起業やスタートアップ企業に限ったことかといえば、決してそうではない。学生であれば学費を誰が負担するか、もし自身で調達するのであればアルバイト先などがエコシステムにおける資金面部分に相当する。学びについては、複数の教員を自身の周りに描いてみたり、学外の教員もエコシステムに必要な場合もある。ある実験、研究を行う場合も、エコシステムという切り口で資金、知識や経験、成果創出支援などどういう組織や個人が行うか整理すると、打つべき一手がより明確になる。

3.6　ビジネスアイディア創出法

　アイディアは次々と湧き出る場合もあれば、ある課題を解決するためにアイディアを必死で絞り出す場合もある。

　アイディアを創出するといっても一筋縄ではないため、創出法・発想法については長年にわたりさまざまな研究が行われている。またアイディア創出のコンサルティングサービスを提供する会社も多く存在する。ここでは、アイディアを創出する手法の一例を紹介する。なお、それぞれを単独で使うより、状況に合わせ組み合わせて使うほうがより効果的である。

3.6.1　デザイン思考

　デザイナーがデザインを生み出すために必要な発想力、表現力、客観的検証力、情報力と活用力などをうまく引き出しアイディア創出に活用するのがデザイン思考である。

　デザイン思考には下記の5つのステップがある[29]。

　①　EMPATHIZE：共感

② 　DEFINE：問題定義
③ 　IDEATE：発想
④ 　PROTOTYPE：プロトタイプ
⑤ 　TEST：テスト

共感ではユーザーの深いニーズを理解するため、観察やインタビューを行う。そこから解くべき問題の定義を行い、アイディアを発想する。発想したアイディアを絞り込み、それをプロトタイプで形にし、ユーザーの声を確認、評価する。このとき、テストの反応次第で何度もプロトタイプを作り直す必要がある。

3.6.2　技術オリエンテッド

技術オリエンテッドは、ある技術をもっていることを出発点として、それをどう使うか、どこで活かせるかを考える。例えばプロペラの技術をもっているから、それを活かすため、車が空を飛べるようにする、というものである。技術起点でのアイディアは差別化につながる可能性が高く、自身で保有する技術であることから技術面における改良なども行いやすい。

一方、「プロペラ技術から開発する空飛ぶ車」の価値を考えずに進めても、社会実装されずにファンタジーで終わってしまう可能性が高い点には注意が必要である。つまり、コアとなる技術からのアイディアに対し、マーケットではどのような価値が生まれ、広がるかを最初から考え、技術とマーケットの両輪でアイディアを創出してゆく必要がある。

3.6.3　バイアス・ブレイキング

人は少なからずバイアス（偏り、思い込み）をもっている。日々の生活の中で思い込みにより、「しまった！」となるのが身近なところにおけるバイアスの実体験である。バイアス・ブレイキングとは、アイディア発想において、人が本来自然にもっているバイアス、思い込みを外すことにより、自身、チーム、社会では通常思い付かないアイディアを生み出そうとするものである。

　バイアス・ブレイキングを行うには、まず自らがもつバイアスを知ることが必要である。多くのアイディアを出し、そのアイディアを分類することで傾向性を見出す。その傾向が実はバイアスに他ならない。Aという傾向がわかれば、真逆のBという側でアイディアを考えてみるとよい。

　例えば、ガソリンを燃焼するエンジンを原動機とする時代に、自動車業界の人たちがアイディアを出したとしたら、車体のデザイン、燃費の改善、速度向上や音などを工夫しようとするだろう。自動車はこうあるべきという思い込み、バイアスがどうしても入ってしまうからである。前述のAB発想を用いれば、もしかすると電動、空を飛ぶ、自動運転というアイディアが生まれ、競合するのは自動車メーカーだけではなく、家電業界の企業、航空機業界の企業、スタートアップ企業も含まれる、という発想に結びつくかもしれない。

3.6.4　クリエイティブ・シンキングとロジカル・シンキング

　クリエイティブ・シンキングは枠組みにとらわれない自由な発想のことをいう。ロジカル・シンキングがさまざまなフレームワーク(枠)で事実や正確さを求めるのに対し、楽しさやノリを大切にするのがクリエイティブ・シンキングである。あるきっかけから自由奔放なアイディアを次々と出すものだが、これだけではいつまで経っても具体化しないので、最初はクリエイティブ・シンキ

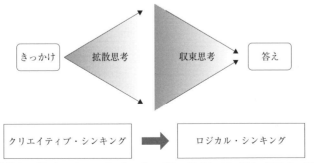

出典)　松林博文：『クリエイティブ・シンキング』、ダイヤモンド社、図1.1、2003年

図3.12　新しいものを生み出す思考プロセス

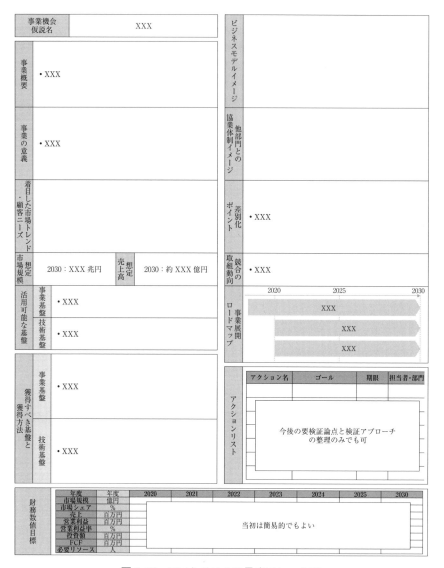

図 3.13　エコシステムに示すフレーム図

ング、ある程度数が出たらはロジカル・シンキングでまとめることが多い（図3. 12）。

3.7　エコシステムに示すフレームワーク

　3. 5 節でエコシステムとは何かを紹介した。アイディアを具体化し、起業、社会実装、発展させようとした場合、成長を助けてくれる関係者、生態系であるエコシステムの構築が必須であると述べた。アイディア、新しいことをエコシステムにうまく伝え、理解、協力を得るため、整理して示す必要がある。それは 3 分程度のプレゼンテーションの場合もあれば、1 時間にわたることもある。

　アイディアを整理するうえで意識すべきキーワードは、強み、ユーザー、ニーズ、市場規模、収入を得る方法（ビジネスモデル）、類似のアイディア（競合）などである。それらキーワードを下記の表にフレームワークとして展開、整理することで、エコシステムが求めるさまざまなプレゼンテーションに柔軟に対応できる。

　また本フレームは事業計画書であるため、事業を行ううえでの指針ともなる（図 3. 13）。

　図 3. 13 を完全に埋めるには相応の時間が必要である。よって可能な項目から 1 行でもよいので記載し、状況により修正を行い、常に最新にしておくことでエコシステムの有効性を示すことが可能になる。

　ここまでイノベーションと起業について論じたが、イノベーション、起業、そして起業家精神は時代とともに求められるもの、有効なものが変化しており、そういう意味では静的ではなく動的なものと捉えるのが正しい。

第 3 章の引用・参考文献
[1]　金田一京助、山田忠雄、柴田武、倉持保男、酒井憲二、山田明雄編：『新明解国語辞典第 5 版』、三省堂、2003 年

［2］「Google Oxford Languages」、2022 年 11 月 18 日閲覧

［3］　経済産業省：「経済産業省特定サービス産業実態調査報告書（平成 30 年）」
2022 年 11 月 18 日閲覧
　　　https://www.meti.go.jp/statistics/tyo/tokusabizi/result-2/h30/pdf/h30rzport
27.pdf、p. 42

［4］　ブライアン・マーチャント：『The One Device』、ダイヤモンド社、p. 17、
2019 年

［5］　中小企業庁編：「中小企業白書　小規模企業白書　2020 年版（上）」、pp. I-153、
154、157

［6］「AI の活用で社会を革新　創造性溢れる事業を推進」、『月間事業構想』、2020
年 7 月号

［7］　安蔵靖志：「連続起業家のシナモン平野社長が語る新規事業立ち上げに必須の
4 か条」、『日経クロステック』、2021 年 10 月 12 日
　　　https://xtech.nikkei.com/atcl/nxt/column/18/01806/101200013/

［8］　J. A. シュムペーター著、塩野谷祐一、東畑精一、中山伊知郎翻訳：『経済発
展の理論』、岩波書店、p. 198、2017 年

［9］『一橋ビジネスレビュー』、東洋経済新報社、2020 年 SUM.（68 巻 1 号）、p. 9、
図 2

［10］「新年を迎えるにあたっての 3 つのお願い　豊田社長 2022 年のメッセージ」、
トヨタイムズ、2022 年 11 月 29 日閲覧
　　　https://toyotatimes.jp/toyota_news/199.html

［11］「夢と好奇心から、未来を拓く」、SONY ホームページ、2022 年 11 月 29 日
閲覧
　　　https://www.sony.com/ja/SonyInfo/Jobs/message/

［12］　ピーター・F・ドラッカー著、窪田恭子訳：『ドラッカーの遺言』、講談社、
p. 118、p. 119、p. 162、p. 176、p. 178、2006 年

［13］　ヘンリー・チェスブロウ著、大前恵一朗訳：『OPEN INNOVATION』、産
業能率大学出版部、p. 40〜42、p. 45〜47、p. 49〜51、2006

［14］　ヘンリー・チェスブロウ著、ウィム・バンハバーベク、ジョエル・ウェスト
編、PPTM 監訳、長尾高弘訳：『オープンイノベーション』、英治出版、p. 40
〜46、2008 年

［15］「用語集　イノベーション」、日本能率協会コンサルティングホームページ、
2022 年 12 月 4 日閲覧
　　　https://www.jmac.co.jp/glossary/a/innovation.html

［16］　ヘンリー・チェスブロウ著、ウィム・バンハバーベク、ジョエル・ウェスト

編、PPTM 監訳、長尾高弘訳：『オープンイノベーション』、英治出版、2008
年、p. 88〜89

[17]　花村遼・田原健太郎：『新型コロナ収束の道』、日経 BP、pp. 49-52、2020 年

[18]　「日本電産・永守会長　テレワークで生産性ダウン「企業が環境サポート
を」ビジネススクール開校の構想も明かす」、Sankeibiz、2023 年 1 月 6 日閲
覧
　　　https://www.iza.ne.jp/article/20200617-RXOYKGC7EVMT3MNAFK25YEC
DTA/
　　　時吉康範：「在宅勤務はデジタルリテラシーの低いマネジメントに世代交代
を迫る」、日本総研ホームページ、2022 年 12 月 11 日閲覧
　　　https://www.jri.co.jp/page.jsp?id=36277

[19]　アンドリュー・S・グローブ著、佐々木かをり訳：『パラノイアだけが生き
残る』、日経 BP、p. 48、p. 73、2017 年

[20]　「従業員のアイデア・夢を実現する新事業創出プログラム「IGNITION」の
全社展開を開始」、ホンダホームページ、2022 年 12 月 17 日閲覧
　　　https://www.honda.co.jp/news/2021/c210611a.html

[21]　https://dictionary.cambridge.org/dictionary/english/inclusion, social re-
sponsibility、2022 年 12 月 19 日閲覧

[22]　Tim Vorley、Helen Lawton Smith、Tom Coogan、Beldina Owalla、Katy
Wing, :"Innovation Caucus SUPPORTING DEVERSITY AND INCLUSION
IN INNOVATION"、2022 年 12 月 19 日閲覧
　　　https://assets.publishing.service.gov.uk/government/uploads/system/
uploads/attachment_data/file/902986/InnovateUK_Supporting_Diversity_
and_Inclusion_in_innovation_WEBVERSION.pdf、p. 8

[23]　産業技術総合研究所スタートアップ推進・技術移転部：「産総研のスタート
アップ創出の取組」、p. 5、2022 年 12 月 20 日閲覧
　　　https://unit.aist.go.jp/spattdi/tmb/aist_startup. pdf

[24]　JAXA　新事業促進部：「宇宙と人々をつなぐ新たな創造を共に」、2022 年
12 月 20 日閲覧
　　　https://aerospacebiz.jaxa.jp/about/

[25] crunchbase：Sequia Capital、2022 年 12 月 20 日閲覧
　　　https://www.crunchbase.com/organization/sequoia-capital

[26]　Yael V.Hochberg："Accelerating Entrepreneurs and Ecosystem: The Seed
Accelerator Model"、p. 2、2015、2022 年 12 月 22 日閲覧
　　　http://yael-hochberg.com/assets/portfolio/IPEHochberg.pdf

［27］「東京都創業 NET」、2022 年 12 月 22 日閲覧
　　　https://www.tokyo-sogyo-net.metro.tokyo.lg.jp/
［28］　経済産業省：「経済産業省スタートアップ支援策一覧」、p. 1、p. 4、2022 年
　　12 月 22 日閲覧
　　　https://www.meti.go.jp/policy/newbusiness/startup/pdf/startuppoli
　　cies_202206.pdf
［29］　スタンフォード大学ハッソ・プラットナー・デザイン研究所著、一般社団法
　　人デザイン思考研究所編、柏野尊徳・中村珠希訳：「スタンフォード・デザイ
　　ン・ガイドデザイン思考 5 つのステップ」、2023 年 2 月 3 日閲覧
　　　http://www.nara-wu.ac.jp/core/img/pdf/DesignThinking5steps.pdf

第4章

AI 時代における
バイオビジネス特許

　本章では、AI 時代におけるバイオビジネスにおける特許について概説する。また、医薬品分野は医療制度や薬事行政との関係もあり、他の分野とも大きく異なる点があるので、他分野との異なる点を中心に概説する。

　また、新薬創出の有効性を高めるための AI 技術の活用の模索や、医療・ヘルスケア分野におけるデジタルヘルスの動向についても紹介する。なお、コロナウイルスなどのパンデミックへの対応として、電子・通信分野などにおいて主に用いられてきたパテントプールの手法の活用が検討されている試みや、先進国と途上国のライセンス供与についてなどの利害の対立や生物多様性条約の枠組みや動向についても概説する。

4.1　特許発明とそのカテゴリー

　特許発明は一般的には、物の発明、生産方法を伴わない方法の発明、物を生産する方法の発明の3つに分類され、バイオビジネス分野の特許発明もこの3つのカテゴリーのいずれかに分類される。しかし、バイオビジネスの発明を理解するためには、便宜的にではあるが、本章では「医薬発明」というカテゴリーを別に設定する。本章でいう医薬発明は、例えば公知の物質に未知の用途を見出して開発された医薬品、すでにある医薬品の用量や投与方法、製剤を工夫して開発された医薬品などの発明である。これらは従来の3つのカテゴリー分類によると物の発明に分類されるが、単純な物の発明に比べると特許の効力や扱いが異なるので、医薬発明として別に考えたほうが理解しやすい。したがって、本章では特許発明を、(1)物の発明、(2)医薬発明、(3)生産方法を伴わない方法の発明、(4)物を生産する方法の発明の4つのカテゴリーに分類する。

4.2　物の発明

　物の発明は、構造や性状などがまったく知られていない新規化学物質、未知の微生物や遺伝子、装置、プログラムが分類されるが、ここでは他の分野にはない遺伝子工学発明について述べる。新規化学物質については後で概説する。

4.2.1　遺伝子工学発明について

　ここでの「遺伝子工学」とは、遺伝子組換え、細胞融合などにより人為的に遺伝子を操作する技術を意味する。遺伝子工学に関する発明には、遺伝子、ベクター(遺伝子を導入するツール)、組換えベクター、形質転換体、融合細胞、形質転換技術により得られたタンパク質(以下「組換えタンパク質」と称する)、モノクローナル抗体などに関する発明が含まれる。

(1)　遺伝子特許について

　遺伝子工学において遺伝子などは、基本的にはグアニン(G)、シトシン(C)、

アデニン（A）、チミン（T）の４種類の核酸の遺伝子配列によって表記される。新しい遺伝子配列を発見したら、その遺伝子配列を特許請求の範囲に記載することによって特許を受けることが可能であるが、このときいくつかの要件を満たす必要がある。なお、遺伝子は、その機能、理化学的性質、起源・由来、製法などにより特定して記載することもできるが、発明の明確性および実施可能要件を記載する必要があるため容易でなく、遺伝子配列を記載して審査を受けて権利化を図ることが一般的である。

(2)　遺伝子配列の記載方法

遺伝子配列の特許請求の範囲への記載方法は、以下の記載方法が一般的である。

記載方法例１：

以下の DNA からなる遺伝子。

ATGTATCGG……TGCCT の塩基配列からなる DNA

配列が長い場合や複数ある場合は、配列番号１、２と記載して、明細書中に配列番号表を記載する。

また、遺伝子が特定のタンパク質やペプチドをコードする場合、以下のような記載方法もある。

記載方法例２：

以下の(a)のタンパク質をコードする遺伝子。

(a)Met―Asp―……Lys―Glu のアミノ酸配列からなるタンパク質

なお、新規な遺伝子を発見した場合、「(a)の塩基配列からなる DNA と相同性が○○％以上の塩基配列からなる DNA」などの表記を行って、権利範囲を拡張することができる。

(3)　遺伝子配列の特許要件

単に新規な遺伝子配列を発見しただけでは特許要件は満たさない。すなわち、使い方が不明な遺伝子断片は、産業上利用できる発明に該当しないため、例えば特定の疾患を診断するためのプローブとして使用できるなど、産業上の有用性や利用可能性を示さなければならない。なお、有用性は実験的に検証する必

要があり、可能性があると主張するだけでは不十分である。

　遺伝子配列が新規であるかどうかは Blast Search などのデータベースを用いれば判定することができるが、遺伝子配列は数万個の長さのものもあるので、遺伝子配列のわずかな一部分が異なっているだけでは、ほぼ同じ＝相同であるとして新規性がないと判断される。相同性があるかどうかの明確な基準はないが、特許審査の場合は新規性よりも進歩性が課題になる。

　ここでは、バイオ分野にあまり詳しくない読者向けに、どのような場合に進歩性があるのかを、例を示して説明する。なお、現実の遺伝子配列は下記の例より長いが、説明のために簡略化して説明する。

　配列例 1）

　学術論文：AAGGTTCCCCTTTTT　　　乳癌に関連

　発　　明：AAGGTACCCGTTTTT　　　乳癌に関連

　配列例 1）では、学術論文で記載されている遺伝子配列と発明の遺伝子がわずかに異なっているが、共通する部分がほとんどである。また、学術論文ではこの遺伝子は「乳癌に関連する遺伝子」であることが知られているが、発明の遺伝子も「乳癌に関連する遺伝子」である。このような場合、当業者であれば、学術論文の遺伝子配列から発明の遺伝子を導き出すことは容易であるので、少なくとも進歩性が欠如していると判定される（相同性の度合いによっては新規性が否定される可能性もある）。

　配列例 2）

　学術論文：CCGGTGCCCCTTTAA　　　乳癌に関連する遺伝子

　発　　明：CCGGTACCCCTTTGA　　　心筋梗塞

　配列例 2 では、学術論文で記載されている遺伝子配列と、発明の遺伝子がわずかに異なっているが共通する部分が多い。しかし、学術論文ではこの遺伝子は「乳癌に関連する遺伝子」であることが知られているが、発明の遺伝子は「心筋梗塞」である。研究者は、先行例を参考にしてもこの遺伝子を発見することは難しく、進歩性はあると考えられる。なお、遺伝子自体の相同性が高く遺伝子配列自体を権利化することは困難な場合、配列例 2）でいうと、「CCGG

TACCCCTTTGA の配列をもつ心筋梗塞検査用の遺伝子」として権利化すればよい。

(4)　ベクター

　ベクター(vector)とは、外来遺伝物質を別の細胞に人為的に運ぶために利用される DNA または RNA 分子である。任意の遺伝子や DNA、RNA 配列を導入先の細胞内で増幅・維持・導入させる、いわゆる遺伝子組換え技術に用いられる。具体的には、プラスミドやコスミド、ラムダファージ、および人工染色体(英語版)などを指す。ベクターは、DNA 塩基配列、開裂地図[1)]、分子量、塩基対数、採取源、製法、その機能、性質などにより特定して記載することができる。

(5)　組換えベクター

　組換えベクターは、遺伝子とベクターの少なくとも一方を特定して記載することができる。

　　例：ACAGCA……AGTCAC の塩基配列である遺伝子を含有する組換えベ
　　　　クター。

(6)　形質転換体

　形質転換体とは外部から DNA を取り込んだりすることにより、形質が変化した個体や細胞である。形質転換体は、①宿主、②導入遺伝子(または組換えベクター)の少なくとも一方を特定して記載することができる(ただし、発明が明確であること、および実施可能要件を満たすことが必要である点に留意する)。

　　例1：Met—Asp—……Lys—Glu のアミノ酸配列を有するタンパク質を
　　　　　コードする遺伝子を含有する組換えベクターを含む形質転換体。

　　例2：ATGACT……の塩基配列からなる毒素遺伝子が挿入されており、か
　　　　　つ、毒素遺伝子が発現している植物。

　　例3：乳タンパク質の製造に関与する遺伝子の遺伝子制御領域に任意のタン

---

1)　開裂地図とは、各種制限酵素による開裂部位の位置関係、距離などを示したものをいう。

　　　パク質をコードする構造遺伝子を結合させた組換え DNA を有し、該

　　　任意のタンパク質を乳中に分泌することを特徴とする非ヒト哺乳動物。

(7)　融合細胞

　融合細胞とは、同種あるいは異種の2個以上の細胞が融合し、両方の核が合体して染色体がまざり合い、新しい1個の細胞に形成された細胞である。融合細胞は、使用した親細胞、融合細胞の機能・性質、融合細胞の製法などにより特定して記載することができる。

(8)　組換えタンパク質

　遺伝子組換え技術の発展により、1980年代以降、遺伝子組換え技術を用いたバイオ医薬品の上市が増えることになった。例えば、動物の膵臓から抽出した従来のインスリンに代わる遺伝子組換えで製造した高品質なヒトインスリンや、健常人が体内にもつタンパク質が不足している患者のための遺伝子組換えで製造したヒトタンパク質(エリスロポエチン、インターフェロン、インターロイキン)など、遺伝子組換えタンパク質を有効成分とする医薬品が次々に上市されるようになった。このような遺伝子組換え技術によって得られたタンパク質を組換えタンパク質という。

①　組換えタンパク質は、アミノ酸配列または該アミノ酸配列をコードする
　　構造遺伝子の塩基配列により特定して記載することができる。

　　　例：Met—Tyr—……Cys—Leu で表されるアミノ酸配列からなる組換
　　　えタンパク質

②　組換えタンパク質は、「欠失、置換もしくは付加された」などの表現お
　　よび当該組換えタンパク質の機能、さらに必要に応じて当該組換えタンパ
　　ク質をコードする遺伝子の起源・由来などを組み合わせて、以下のような
　　包括的な記載をすることができる(ただし、発明が明確であること、およ
　　び、実施可能要件を満たすことが必要である点に留意する)。

　　　例：以下の(a)または(b)の組換えタンパク質。

　　　　(a)Met—Tyr—……Cys—Leu で表されるアミノ酸配列からなるタ
　　　　　ンパク質

　　　　(b)アミノ酸配列(a)において1もしくは数個のアミノ酸が欠失、

　　　　置換もしくは付加されたアミノ酸配列

(9)　モノクローナル抗体(抗体医薬)

　体内に細菌やウイルスなどの異物(抗原)が侵入すると、この異物を排除するために「抗体」が作られる。生体が作る抗体をヒントにして、人工的に抗体を作成して医薬品として使われるものが抗体医薬である。抗原にあるたくさんの目印(抗原決定基)の中から1種類(モノ)の目印とだけ結合する抗体を、人工的にクローン(クローナル)増殖させたものをモノクローナル抗体という。現在の抗体医薬は、ほとんどがモノクローナル抗体に分類される。

　モノクローナル抗体は、モノクローナル抗体が認識する抗原、モノクローナル抗体を産生するハイブリドーマ、交差反応性などにより特定して記載することができる。

　例1：抗原Aに対するモノクローナル抗体。

　　　　(注)抗原Aは物質として特定して記載されている必要がある。

　例2：受託番号がATCC HB—○○○○であるハイブリドーマにより産生される、抗原Aに対するモノクローナル抗体。

　　　　(注)抗原Aは物質として特定して記載されている必要がある。

　例3：抗原Aに反応し、抗原Bに反応しないモノクローナル抗体。

　　　　(注)抗原Aおよび抗原Bは物質として特定して記載されている必要がある。

4.3　抗体医薬の特許について

4.3.1　抗体医薬の歴史

　抗体は前述のモノクローナル抗体に分類されるが、現在のバイオ医薬品の主流であり、開発の歴史や特許の利用関係などについて、ここで詳細に解説する。

　抗体は病原菌などの異物に対する免疫反応として産生され、異物を無毒化する働きをもっている。抗体医薬はこの抗体を遺伝子組み換え技術を使って人工的に合成したものである。抗体医薬は主としてモノクローナル抗体であるので、

特許明細書では上記の記載によってされ権利化することができるが、先行する基本特許との抵触関係が問題となることがある。

　モノクローナル抗体には、マウス抗体、キメラ抗体、ヒト化抗体、ヒト抗体(完全ヒト抗体)がある。図4.1のマウス抗体はマウスの抗体であり、ヒトの体内に入ると異物と認識されてアレルギー反応を起こすため、医薬品として使うことができない。そこで、できるだけヒトの抗体に近い構造に変化させるアプローチが行われてきた。

　最初のアプローチ法は遺伝子工学の手法を用いて、抗原に結合する先端の部分だけマウスの抗体を残して、残りはヒトの抗体に変えたキメラ抗体が開発された(図4.1のアミカケの濃い部分はヒトの抗体を表す)。次の世代のアプローチではさらに、相補性決定領域(CDR)転換技術によって、マウス由来抗体における抗原結合決定領域の配列のみ保留し、残りの部分がすべてヒトの抗体になったヒト化抗体が開発されて、より安全な医薬品として普及した。また、第三世代のアプローチ法ではヒトの抗体を作るマウスや、多種類のヒトの抗体を人工的に作り出し、そこから目的の抗体を選択する技術が開発され、ヒト抗体が開発されている。

　抗体医薬の初期の製品はキメラ抗体の構造をもつものが主流であったが、現在はヒト化抗体またはヒト抗体が主流になってきている。抗体医薬はモノクローナル抗体であるので、その構造はタンパク質すなわち遺伝子配列で表すことができる。遺伝子配列や機能がユニークであるなど、新規性/進歩性を満た

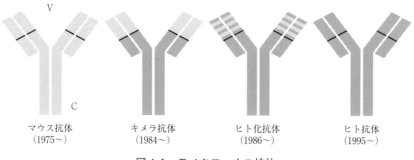

| マウス抗体 | キメラ抗体 | ヒト化抗体 | ヒト抗体 |
| (1975〜) | (1984〜) | (1986〜) | (1995〜) |

図4.1　モノクローナル抗体

せばキメラ抗体、ヒト化抗体、ヒト抗体であっても特許登録を受けることができる。しかし、多くの場合、発明者は特許発明を自由に使用することができないことが多かった。

　最初に、キメラ抗体の場合について説明するが、キメラ抗体はマウス抗体の可変領域をヒト抗体の定常領域に連結することで作られるが、その最も効率的な方法は、抗体の重鎖と軽鎖それぞれの DNA をベクターで 1 つの宿主細胞を形質転換し抗体を生産する方法であるため、キメラ抗体の開発者はこの特許を使うことになる。このキメラ抗体を作成する方法に特許（Genentech/Cabilly）が 2018 年まで存在していた。したがって、発明者が機能や配列がユニークなキメラ抗体を発見して特許を受けたとしても、Genentech/Cabilly 2 特許を利用するという関係になるため、Genentech 社からライセンス許諾を受ける必要があった。

　次の世代のヒト化抗体についても、その作成方法について、

①　MRC/Winter 特許：重鎖および軽鎖可変領域のそれぞれに由来する 3 つの相補性決定領域（CDR1-CDR3）をグラフトし、長いオリゴヌクレオチドを用いた部位特異的変異誘発によりヒト化抗体を作製する方法

②　PDL/Queen 特許：　ヒト化抗体の抗原結合活性を高めるためヒト抗体にマウス CDR を移植し、さらに framework region（FR）のアミノ酸を置換する方法、マウス抗体と相同性の高いヒト抗体 FR を選択する方法および相同性の高いヒト型化抗体を作製する方法に関する特許

の技術を使ってヒト化抗体を開発せざるを得ないため、ヒト化抗体について特許を取得しても MRC 社や PDL 社にライセンスを受ける必要があった。

　②の PDL/Queen 特許を保有していた PDL 社は、抗体医薬についてライセンスをするだけで莫大な利益を得ることができたが、この特許は 2016 年に満了した。2014 年の統計資料を用いて解説する。当時はキメラ抗体が抗体医薬の主流であり、キメラ抗体医薬のブロックバスターが存在した。代表的なも

のとして、それぞれ Avastin が 7,012 億円、Herceptin が 6,857 億円、Lucentis が 1,600 億円、世界市場での売上があった。PDL 社は、それぞれの抗体医薬の売上の 2% を徴収していたといわれている。そうなると、例えば Avastin だと 140 億円のライセンス料を 2014 年だけで得たことになる。このように 2014 年の PDL 社のライセンス収入は、合計で約 520 億円にも及んだ。このような強力な基本特許を有していれば、自らが製造販売などを行わなくても、莫大な富を稼ぐことができる。

　現在、上記の PDL 社の特許も含めて、ヒト化抗体特許の基本特許はほぼ満了しているため、製薬企業は基本特許料の支払いをする必要がなくなった。しかし、ヒト抗体については、ファージライブラリの作成に対して CAT/Griffiths 特許などが存続しているため、依然としてライセンス料を支払う必要がある。

　このようにバイオ分野の特許は、組換えタンパク質そのものに新規性や進歩性があって特許を取得しても、その製造方法や上位概念に特許（基本特許）が存在することがあり、基本特許の権利者からライセンスを受ける必要がある。

4.3.2　免疫チェックポイント阻害薬

　がんを対象とする初期の抗体医薬は、例えば抗体が、がん細胞表面抗原に結合後のシグナル伝達を介してアポトーシス（細胞死）を誘導して直接的にガン細胞を殺細胞したり、単球や NK 細胞などの免疫細胞に発現する Fc 受容体に抗体の Fc 部分を結合させて細胞障害（ADCC）活性などによってガン細胞を攻撃したりするものであったが、最近は免疫チェックポイント阻害薬が多く使われるようになっている。免疫チェックポイント阻害薬も抗体医薬に分類されるが、従来の抗体薬のように、がん細胞を直接攻撃して癌を治癒するものではない。

　本来、生体は免疫の力によって、発生したがん細胞を排除することができる。特に、免疫細胞のうち「T 細胞」には、がん細胞を攻撃する性質があるが、がん細胞は T 細胞の攻撃にブレーキをかけることができる。ブレーキがかかると免疫細胞はガン細胞を攻撃することができなくなりガンが増殖する。この

ブレーキは、癌細胞の PD-L1 と免疫細胞の PD-1 が結合することによって成立する。したがって、このブレーキを解除して、免疫本来のがん細胞を攻撃するための機能に戻すためには、癌細胞の PD-L1 の機能を停止させるか、免疫細胞の PD1 を阻害すればよい。

PD-L1 を阻害するものを抗 PD-L1 薬、PD-1 を阻害するものを抗 PD-1 薬と呼び、抗 PD-L1 薬としてはアテゾリズマブ(商品名テセントリク；以下テセントリク)、アベルマブ(商品名バベンチオ；以下バベンチオ)、デュルバルマブ(商品名イミフィンジ；以下イミフィンジ)、抗 PD-1 薬としてはニボルマブ(商品名オプジーボ；以下オプジーボ)、ペムブロリズマブ(商品名キイトルーダ；以下キイトルーダ)が、我が国でも癌の治療によく使われてきている。

抗 PD-1 薬、抗 PD-L1 薬は、その業績によって 2018 年にノーベル医学生理学賞を受賞した京都大学の本庶佑教授による功績が大きく、本庶教授らのグループによって特許出願して登録された、いわゆる本庶特許と呼ばれるいくつかの基本特許が存在する。代表的な特許およびその請求項を記載しておく。

- 特許-4409430

  【請求項1】「PD-1 抗体を有効成分として含み、インビボにおいてメラノーマの増殖または転移を抑制する作用を有するメラノーマ治療剤。」

- 特許-5159730

  【請求項1】「PD-1 抗体を有効成分として含み、インビボにおいて癌細胞の増殖を抑制する作用を有する癌治療剤(但し、メラノーマ治療剤を除く。)。」

- 特許-5701266

  【請求項1】「抗 PD-1 抗体を有効成分として含む、ウイルス性肝炎治療剤。」

- 特許-5885764

  【請求項1】「PD-1 の免疫抑制シグナルを阻害する抗 PD-L1 抗体を有効成分として含む癌治療剤。」

上記の特許は小野薬品とブリストル・マイヤーズスクリプス(BMS)社の共同出願であるが、特に PD-1 抗体を広くカバーしており、抗 PD-1 薬を開発すれば、上記の特許にて萎縮する。これは PD-1 の機能自体を発見し、PD-1 に

対する抗体を作ればガンの治療に有効であることを見出したのが本庶教授であるため、本特許として広い権利を取得することができたからである。このようにノーベル賞に匹敵するような発見をし、その概念全体を特許化することができれば、ビジネスに際して大きなアドバンテージが得られる。

実際に、小野薬品-BMS のグループでない MSD 社がキイトルーダという抗PD-1 薬を開発して製造販売を行ったが、小野薬品-BMS の警告を受けてMSD はライセンス料を支払うことになった。MSD 社の抗 PD-1 薬であるキイトルーダの 2020 年の売上高は約 1 兆 5,800 億円であるが、小野薬品-BMS に対してはその年間 6.5% のライセンス料を支払うことに合意した。概算すると約 1,000 億円をライセンス料として支払ったことになる。なお、キイトルーダについては 2023 年までは年間売上高の 6.5%、2024〜2026 年までは同 2.5% のライセンス料を支払う契約になっている。

小野薬品-BMS は自ら抗 PD-1 薬のオプジーボを開発し、国内だけでも約1,500 億円の売上がある。自製品のオプジーボに関しては開発や製造、営業コストなどを差し引くため、純益は少なくなるが、キイトルーダについてはMSD 社の売上に応じて自動的にライセンス料が支払われる。このライセンス量の支払いの根拠となるのは前述の本庶特許のみであるため、本庶教授のライセンス料収入への貢献度は大きいと考える。

本庶教授が、発明者に対する報奨金について小野薬品と訴訟を行い、和解金として小野薬品が本庶教授に 50 億円、京都大学に 230 億円を支払うことで決着はついたが、その背景にはこのような事実がある。

4.4　バイオ分野の特許の特徴について

4.4.1　医薬品を構成する特許数

身近な例として、スマートフォンについて考えてみると、多種多様な技術が組み合わさっていることは容易に理解できると思う。ユーザーインターフェースとして、例えばタッチジェスチャー、画面のロック方法、指紋による認証方法、液晶画面、通信方法、カメラ、GPS、音楽再生、SD スロット、充電端子

など、多種多様な技術が含まれているが、それらにそれぞれ複数の特許が存在
しており、1台のスマートフォンに対して、少なくとも数万件の特許が含まれ
ているといわれている。スマートフォンの製造・販売を行うことを考えた場合、
1社ですべての特許を保有することは不可能である。したがって、自社でなる
べく多くの特許出願を行うことは必要であるが、自ら保有する多数の特許を交
換材用として、他社の特許とのクロスライセンスを行って製品の中にその技術
を組み入れたり、特許権が含まれている部品を購入したりするなどの複雑な知
財戦略を必要とする。クロスライセンスを申し込んでも、相手側との交渉がう
まくいかず、特許権侵害として提訴されるなどの特許係争も起こりやすい。

　近年、バイオ医薬品、特に抗体医薬品がよく使われてきている。抗体医薬品
は製造コストも薬価も高いため、売上高で考えるとバイオ医薬品が主流となっ
ているが、依然として現在医療用に使われている医薬品の約80% は、化学合
成によりつくられた有効成分が作用する「低分子化合物」である。低分子化合
物の明確な定義はないが、一般的には、分子量が 10,000 未満のものをいう。
このような低分子化合物だけでも数千万種類のものが知られているが、このよ
うな低分子化合物の医薬品では、医薬品を構成する特許数が極めて少ないこと
が特徴である。

　一例として、ファイザー社が製造販売しているリリカ(一般名：プレガバリ
ン)について述べる。リリカは、神経障害性疼痛に用いられる医薬品であり、
日本では2010 年よりファイザーが製造・販売している。日本国内の2015-
2019 年までの売上高は約 4,650 億円であり、世界市場では約 3 兆円以上の売
上があった。

　日本国内において、神経疼痛薬リリカという製品をカバーするのは、実質的
には特許第 3856816 号 1 つである。その特許の主な請求項は以下のとおりであ
る。

【請求項1】「S-(+)-4-アミノ-3-(2-メチルプロピル)ブタン酸又はその医薬
　上許される塩。」

【請求項2】「抗うつ薬、抗不安薬、抗精神病薬、抗発作薬、抗ジスキネジー

薬、又はハンチントン病若しくはパーキンソン病のための抗症候薬として、又は脳虚血又は痙直の治療に使用するための、S-(+)-4-アミノ-3-(2-メチルプロピル)ブタン酸又はその医薬上許容される塩、及び医薬上許されるキャリヤーを含む医薬組成物。」

請求項1は、リリカを構成する化学成分についての物質特許である。リリカを構成する IUPAC 名 S-(+)-4-アミノ-3-(2-メチルプロピル)ブタン酸の化学構造式はシンプルなものであるが、特許出願までは新規な物質であったため物質特許が成立した。物質特許は、この物質の製造販売、譲渡に対しても権利効力が及ぶ、医薬品としては最も効果的な特許である。

請求項2はリリカに対する用途特許(医薬発明)である。知られていない新たな医薬用途を発見すれば、別に特許出願を行って、医薬発明として特許を得ることは可能であるが、物質特許が満了するまでは、物質特許の権利者に許諾を得なければ製造販売することはできない。したがって、新規の化学構造を有する化学物質を得ることは極めて効果的である。

特に経口投与が可能で、化学合成が可能な低分子化学物質は、他社の特許との抵触が起こりにくく、製品に関するすべての特許を自社がもつことになり、市場の完全独占が達成できる。

4.3節で述べたように、抗体医薬については、先行する基本特許が存在することが多い。また、例えば新規な配列をもつ mRNA ワクチンを開発しても、mRNA が分解しないようにドラッグデリバリーを行うためには、脂質ナノ粒子に mRNA を封入する必要があるため、脂質ナノ粒子や封入技術に他社の特許権があればライセンスが必要になる。しかし、低分子化学物質についてはこのような抵触は起こりにくい。したがって、生理活性を有する新規な低分子化学物質を見出すことは、製薬企業や薬学研究者は大きな関心をもつ。

4.4.2　新規化学物質の特許

現在、すでに数千万種類にも及ぶ低分子化合物が知られている。それでも、生理活性を有する新化学物質を発見すれば、莫大な利益を得る可能性がある。

　もし、動植物や化学合成によって生理活性を有する化学物質を発見した場合、その化学物質が新規化合物であるかどうかを調べてみる必要がある。NMR（核磁気共鳴装置）や質量分析装置、赤外分光、旋光度などの物理化学データから、総合的に導き出されるものであり、混合物でなければ一義的に化学構造は決定する。

　導き出された化学構造について、STN などのデータベースと照合して、新規な化学構造であるかどうかを確認する。類似構造が存在した場合は、進歩性などを考慮する必要があるが、特許性があれば特許出願を検討する。新規化学物質についての特許出願では、新規な化学構造を示す根拠となるすべての物理化学データを示す必要がある。

4.4.3　新規化学物質の探索方法

(1)　天然物由来の化学物質

　生理活性を有する低分子化学物質を探すことは容易ではない。アプローチ方法としてはいくつかあるが、古典的な方法として、経験や伝承をヒントとして、医薬品として用いられている天然物（動植物など）から新規化学物質を探すという方法がある。

　19 世紀の話であるが、南米の「キナノキ」の根元に溜まった「苦い水」をマラリア患者が飲むと熱が下がった、という伝承があった。この伝承を基にして、キナの樹皮に抗マラリア作用が確認され、その後、その主成分は「キニーネ」であることが判明して、化学合成によってキニーネが製造されてマラリア薬として用いられてきた。

　その後、キニーネ耐性マラリアの出現などで、より効果の高いマラリア薬の開発が求められたが、その開発においても伝承がヒントになっている。

　古来、中国のヨモギ科の植物がマラリアに効果があるという伝承を元にして、ヨモギ科の植物を約 200 種類集めて抗マラリア作用について検討した結果、セイコウ（Artemisia annua）というヨモギ科植物の抽出物に抗マラリア作用があることが判明した。その抽出物について、クロマトグラフィーという手法を用

いて成分を繰り返し分離していき、アーテミシニンという新規化学物質がセイコウの抗マラリア活性の本体であることを発見した。医薬品の開発の場合、このような手法で発見された新規な構造をもつ化合物をリード化合物と呼ぶ。

　アーテミシニンをそのまま医薬品にしてもよいが、現代の技術ではこの新しく発見されたアーテミシニンの化学構造を一部変更することで、より作用が増強された医薬品を開発することが可能である。このような手法をドラッグデザインという。

　抗マラリア作用は、蚊に寄生してマラリアを引き起こすマラリア原虫という原生生物を殺傷する能力であるが、アーテミシニンは効果があるものの作用の持続時間が短く薬として用いることが困難であった。そこで、アーテミシニンのドラッグデザインを行ったところ、化学構造式の下部のカルボニル基を修飾したアーテスネート、アーテメータという化合物が有効な成分として見出されて医薬品として開発され、抗マラリア薬として用いられている(図4.2)。

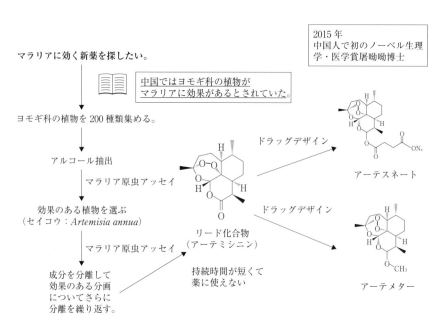

図4.2　抗マラリア薬の開発

(2)　リード化合物と特許出願

　アーテミシニンを例として、特許戦略についても簡単に述べていく。研究者の多くは、大きな発見をした場合、一刻も早く論文や学会発表をしたいと考える。この例の場合、研究者にとって最初のインパクトのある成果は、リード化合物であるアーテミシニンの発見であると思われる。確かに多数のヨモギ科の植物から抗マラリア薬成分を見出したことは大きな成果であるが、すぐに論文発表や特許出願を行うのは良策ではない。アーテミシニンの発見だけで特許出願を行うと、物質特許の権利はアーテミシニンだけに限定されてしまい、これを見た他の研究者がドラッグデザインを行って、より有効な化学物質を見出すことが可能となり、成果を横取りされることになる。

　いずれにしても、このようなリード化合物を発見した場合は、先行例に引っかからないようなできるだけ広い範囲、例えば基本骨格部分について権利を取得しておけば、仮に他者がドラッグデザインによってより効果の高い化合物を見出しても、他者の開発を阻害することができる。したがって、リード化合物を発見したら、すぐに発表せずに化学構造と生理活性との関連性についてドラックデザインなどを行い、十分な研究をして、権利範囲を拡張して特許出願を行った後に、学会や論文発表すべきである（図 4.3）。

(3)　他の天然物由来の医薬品

　天然物から医薬品が開発されることは最近では稀であるが、例えばサモア諸島では、古来より先住民の間ではママラという植物の樹液が薬として利用されてきたが、これは科学的にも肝炎などを改善する効果も認められていた。ママラの樹液を精製してプロストラチンという化学物質が発見されたが、プロストラチンは免疫細胞内に侵入したエイズウイルスを細胞の外へと排出し、HIV感染症の進行を抑制するだけでなく発症してしまったエイズの症状を改善する効果が認められている。

　また、アリゾナ砂漠に生息し年に 4 回程度しか餌を食べないアメリカドクトカゲという爬虫類がいる。アメリカドクトカゲは餌を食べないときは内臓の働きをストップさせ、食べるときに内臓を再始動させるメカニズムをもつ。ここ

特許出願の
権利範囲

R：アルコキシ、酢酸エステル…

もし仮に、リード化合物だけを出願
してしまうと、公開されることで開
発のヒントを与えてしまう。
（2013年以降は、米国では創作物で
ないとして拒絶）

Rの部分を変えても効果があることを示されれば、
上記の構造式の範囲で権利が押さえられる。
他者がRの部分を変えて効果のあるものを作っ
ても押さえこめる。十分に研究をしてから特許出
願する必要がある。

他者が、特許公報を見て
さらに効果が強い、誘導体を
発見されて特許出願されれば、
権利を取られてしまう。

R=OH	ジヒドロアーテミシニン
R=OCH₃	アーテメター
R=OC₂H₅	アーテエター
R=OCOCH₂CH₂COONa	アーテスネート

図4.3　リード化合物の特許出願のポイント

から、アメリカドクトカゲの唾液に血糖値をコントロールする物質が存在する
ことが考えられた。この唾液成分を分析することで、血糖値をコントロールす
るペプチドが単離され、それを元にして糖尿病の治療薬（GLP-1作動薬）であ
るバイエッタ（エキセナチド）が開発された。

（4）　天然物由来の化学物質の創作性

　特許庁の審査基準では、発明は単なる発見ではなく、創作されたものでなけ
ればならない、と規定されている。例えば、新種の恐竜の化石を発見しても、
発見であって創作ではないと見なされる。動植物から抽出されて得られる化学
物質も発見に過ぎない、とも考えられるが、天然物（動植物）から精製された化
合物は、精製や分離工程が創作であること、また、そのような化合物を「分
離」する過程が難しいためでなく、人類の発明前は使用できなかった新規の有
用な物質を提供したという発明的な業績価値を保護する、という観点で、日本、
欧州、韓国、中国など、ほとんどの国では天然有機化合物は特許の対象として
いる。

　なお、米国においては、天然物から単離された化合物は人間が作り出したも

のではないという考え（2013年のMyriad訴訟）で、2013年以降は特許権の対象から外している。米国の場合、上述のアーテミシニンは天然物であるので特許の対象にならないが、ドラッグデザインによって誘導された化合物は創作物であるので、特許保護対象になる。天然物からリード化合物を見つけたらドラッグデザインを行うという戦略は、米国においても有効である。

(5)　化学合成品の特許について

天然物からリード化合物を探す場合、伝承性はヒントになるが、根拠のない伝説に過ぎないことも多く効率が悪い。これ以外の方法として、コンビトリアルケミストリーという手法がある。

ある化合物に対して、官能基をランダムに組み合わせて、無数の化合物群（ライブラリー）を作成する。ライブラリー作成の段階では化合物の新規性については検討しない。得られたライブラリーについて、例えば、癌細胞などを指標にして有効であるリード化合物を選び出す。ただし、化学合成品の場合は、化学物質自体がこれまで発見されていない新規な化合物であれば特許法上の新規性は満たすものの、類似の化合物がすでに知られている化合物から化学的に誘導可能である場合、進歩性が否定される可能性がある。

したがって、天然物由来の化学物質のような広範囲な特許権は成立しない。またアッセイ方法を変えることによってライブラリーの中から有用な化合物が

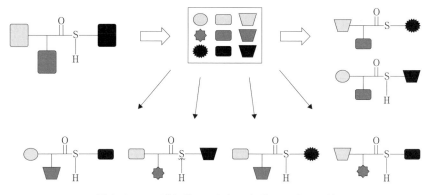

図4.4　コンビトリアルケミストリーのイメージ

見つかる可能性があるので、ライブラリー自体は秘匿するというのが医薬品業界の戦略である。これがコンビトリアルケミストリーである。コンビトリアルケミストリーのイメージを図 4.4 に示す。

　化学合成的手法だと、組合せ論的な発想で数の点においては、莫大な数の化合物ライブラリーを構築できる点で、天然物からリード化合物を探すよりも効率的であるが、組み合わせられるユニットに限りがあり、天然物由来の化学物質のようなユニークな化学構造は発見しにくいというデメリットがある。

4.5　医薬発明について

　4.1 節でも述べたが、医薬発明とは、ある物の属性未知の属性の発見に基づき、当該物の新たな医薬用途を提供しようとする「物の発明」である。ここでいう「物」とは、有効成分として用いられるものを意味し、化合物、細胞、組織、および天然物からの抽出物のような化学構造が特定されていない化学物質（群）、ならびにそれらを組み合わせたものが含まれる。また、ここでいう「医薬用途」とは以下である。

① 　特定の疾病への適用
② 　投与時間・投与手順・投与量・投与部位などの用法または用量（以下「用法または用量」）

　医薬用途の①については、例えば、抗菌剤として使われていた医薬品（化学物質）にアルツハイマーへの治療効果があることを発見した場合、アルツハイマー治療薬として特許を取得することができる。ただし留意するべきことは、この化学物質の物質特許が存在している場合、アルツハイマー治療薬として特許を取得しても、物質特許の権利者の許諾がなければ、アルツハイマー治療薬を製造販売することはできない。ただし、医薬品は開発に時間がかかり物質特許が有効な期間は限られているため、物質特許と医薬発明との間に利用関係が生じるケースは少ないと考える。

　このような新たな医薬用途を見つけて、新たな医薬品として開発することをドラッグ・リポジショニングという。リポジショニングとは、ポジションを変

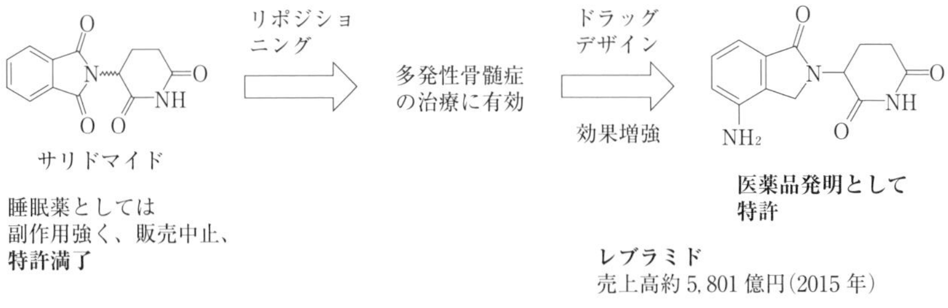

図 4.5　サリドマイドのドラッグ・リポジショニング

えるということであるが、野球でたとえると、投手としては活躍できなかった
選手を外野手にリポジショニングすることで名選手として大成できた、という
ことをイメージすれば、言葉の意味を理解しやすいと思う。

　ドラッグ・リポジショニングの成功例としては以下のものがある。サリドマ
イドという睡眠薬があったが、重篤な催奇形性などが認められたため製造中止
となった。ところが、サリドマイドが多発性骨髄症の治療に有効であることが
判明した。そこで、安全性や効果を増強するためにサリドマイドのドラッグデ
ザインを行った結果、レブラミドという新薬が開発・使用されている（図 4.5）。

　②については、例えば、

ⅰ)　2 種類の医薬品を同時に投与すると、相乗効果などで効果が増強され
　　たり、本来とは異なる薬効があることを発見した場合

ⅱ)　従来、ある薬物を錠剤として経口投与で用いていたが、催吐性などの
　　副作用が強いためその薬物を湿布剤に入れて皮膚から吸収する製剤を開発
　　した。薬物を皮膚から吸収させるために溶剤や湿布剤の材質に創意工夫を
　　行った場合

のように、従来から使われていた投与方法を変更することに一定の進歩性があ
る発明に認められる。

4.6　その他のカテゴリーの発明

　本章冒頭で述べたその他のカテゴリーの発明、(3)生産方法を伴わない方法

の発明や(4)物を生産する発明については、特にバイオ分野で解説することは少ないと思われるので詳細は省略するが、トピックスとして(3)生産方法を伴わない方法の発明の例について述べる。COVID-19 に対する mRNA ワクチンは、ファイザー・ビオンテック社とモデルナ社によって開発されて世界中で接種されているが、mRNA を生体内に導入すると、生体は異物と認識して免疫反応によって mRNA を排除し、また炎症などが発生するという問題点があった。ハンガリー出身のカリコ博士は、RNA の遺伝子配列のウリジンをシュードウリジンに置換すると、生体は異物であると認識せず、かつウリジンに対応するアミノ酸に翻訳されるということを見出している。上記の mRNA は、この技術がなければ達成できなかった。この技術についての米国特許(US 8278036)の請求項1の和訳文を記載する。

　【請求項1】「目的のタンパク質を産生するように哺乳動物細胞を誘導する方法であって、前記哺乳動物細胞を目的のタンパク質をコードするインビトロで合成された修飾 RNA と接触させることを含む方法であって、前記インビトロで合成された修飾 RNA が修飾ヌクレオシドシュードウリジンを含む、方法。」

　RNA を生体内に導入する際にシュードウリジンを使用することに関して、包括的な広い権利が成立している(図 4.6)。

　次に、ES 細胞、iPS 細胞などの再生医療に関する特許について簡単に述べる。組換えタンパク質や、特定の機能を発現する遺伝子については、構造や機能が新しいため、物の発明として権利化することができる。しかし ES 細胞や iPS 細胞のような幹細胞は、ヒトの胚などに存在する多能性幹細胞であるため、物としての新規性・進歩性はない。したがって、幹細胞に関しては、どのようにして作製するかということに発明の特徴があるため、幹細胞の作成方法という、物を生産する発明になる。物を生産する発明では、その方法で作製したものに対して権利は及ぶので、幹細胞に対しても権利が及ぶものの、作製方法が異なればその幹細胞に権利が及ばない。山中伸弥教授は、世界で初めて iPS 細胞の作製に成功したが、山中伸弥教授の所属する京都大学の特許441136では、iPS 細胞(誘導多能性幹細胞)の作製方法として、「Oct3/4、Klf4、c-Myc 及び

1. mRNA 自体を異物として認識させない方法は？

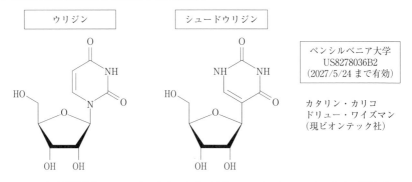

ウラシルから誘導されるヌクレオシドはウリジンだが、ウリジンをシュードウリジン（Ψ）など に置き換えると、mRNA の二次構造が変化し、効果的な翻訳を可能にしながら、自然免疫系 による認識を低下させるので、免疫反応が起こらない。

図 4.6 ウリジンとシュードウリジンの概要

Sox2 の 4 種の遺伝子を体細胞に導入すること」として権利化している。現在 は、これらの 4 種類の遺伝子を導入する以外にも iPS 細胞の作製方法が発見さ れているので、この方法以外で作製した iPS 細胞には権利が及ばず、ビジネス 的な観点では、京都大学の特許は限定的であるといえる。

4.7 特許権の存続期間について

4.7.1 特許権の延長登録制度

新薬は、安全性や効果を確認するための臨床試験が必要であり、臨床試験 （治験）開始から製造承認日までの期間は、医薬製品の販売が行えないことから、 特許権を行使できる実質的な期間が十分に確保できないという問題がある。こ れに対して、申請によって特許権の存続期間を最大 5 年延長することが可能で ある。しかし、実態を見ると、新薬を販売できなかった期間（初回治験計画届 提出日から承認日）は平均約 8 年であり、上限 5 年だけでは、新薬開発の投資 が十分に回収できない状況にある。そこで、延長の上限を 8 年に拡張すること が議論されてきている。

4.7.2 再審査制度

医薬品以外の一般品では、特許権が存在しなくなった場合、誰でもその技術を自由に実施できるが、新薬については、特許権がなくても、事実上他者が自由に実施できない再審査制度という例外規定が存在する。

再審査制度は、薬事法によって定められている。新薬は臨床試験（治験）で安全性や有効性が確認されて上市される。しかし、治験では子供や高齢者などは被験者の対象ではなく、また、医薬品の使用量・使用法が細かく定められた中での結果しか見ることができない。このため、薬を実際に使用した際には治験では把握できなかった副作用が現れる可能性がある。したがって、新薬の製造販売を行っている製薬企業は一定期間（再審査期間）医療機関などからのデータを厚生労働省に提出することが義務付けられる。

再審査期間をどのくらいの長さにするのかは、薬効や薬の新規性などを考慮して定められるが、例えば、まったく新しいタイプの化学物質で開発された医薬品は、薬効や副作用についての情報が乏しいので最長の7年、逆に用途や投与方法などを変えただけの医薬発明に該当する薬については、元の医薬品についての情報があることから、再審査期間は3年で十分だと判断するなど、その都度審議されて決定される。そして、この再審査期間が満了するまでは、たとえ特許権が満了していたとしても、後発メーカーは後述するジェネリック申請を行うことはできない。

したがって、安全性や薬効を証明する治験に多大の時間がかかったため、上市してすぐに特許権が満了してしまった場合、無効審判で特許が無効になった場合でも、再審査期間が残っていれば、後発メーカーのジェネリック医薬の参入はできない。

4.8　ジェネリック医薬品

4.8.1　ジェリック医薬品の由来

医薬品、特に低分子医薬品の場合は、特許により独占的な販売が可能であり、類似の競合品が存在したとしても、化学物質が異なれば抵触関係は生じにくい。

電機や IT 分野のように、頻繁に起こっている同業社同士の特許係争は少なくなる。

　バイオ医薬品分野においては、新薬を開発する先発メーカー同士の特許係争は少なく、ジェネリックメーカーと先発メーカーとの間での係争が多いことが特徴である。バイオ医薬分野の特許戦略を理解するためには、ジェネリック医薬との関係を理解することが必要である。そこで、ジェネリック医薬について詳細に解説する。

　物質特許が満了した医薬品を、後発メーカーが製造販売するものをジェネリック医薬品というが、まずその言葉の由来についても説明する。

　英語でジェネリック(Generic)とは、「一般的な」、「ブランドにとらわれない」という意味である。医薬品には、必ずその薬効を示す主成分が存在するが、主成分になる化学物質(低分子)には 3 つの名前が存在する。ここでは、武田薬品工業のタケプロンを例として説明する、

　タケプロンに含まれる主成分は図 4.7 の化学構造式で示される。

　1 つ目は、有機化学者であれば、この化学構造を見れば、

　　　　(RS)-2-([3-methyl-4-(2, 2, 2-trifluoroethoxy)pyridin-2-yl]
　　　　methylsulfinyl)-1H-benzo[d]imidazole

という表記法で表現することが可能である。この表記法は IUPAC 名といい、どの官能基の何番目の炭素からどのような官能基が結合しているということを表している。この IUPAC 名から、上記の化学構造式は一義的に導くことがで

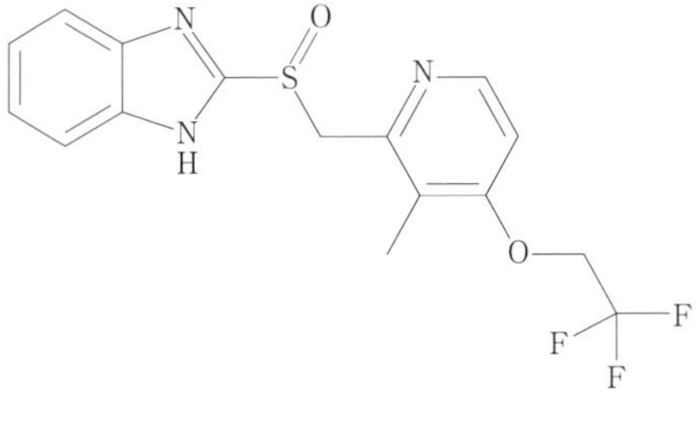

図 4.7　タケプロンの化学構造式

きる。

　しかし、IUPAC 名は長くなり、また記憶することは難しい。化学構造についての情報が不要な場合、薬を特定する名称としては不便である。

　2 つ目は慣用名である。慣用名は、物質の発見者が、物質の由来(微生物など)、性質、発見された地名などを元に自由に命名することができる。なお、この例の場合、ランソプラゾール(英：lansoprazole)であるランソプラゾールは、この医薬品の作用であるプロトンポンプ阻害に由来する「-prazole」を元に、発見者によって命名されたものである。この化合物を学術的に説明したりするときは、この慣用名が通常使われる。

　3 つ目は、ランソプラゾールを主成分とする医薬品名である。この例ではタケプロンである。医師が発行する処方せんでは、「タケプロン 25 mg/7 日分」などのように使われる。ここで、タケプロンの「タケ」は武田薬品工業を意味しており、タケプロンは商標登録されているので、武田薬品工業のみが、その製品に使うことができるブランドである。

　このように、薬には 3 つの名前があることを述べたが、特許が満了したときのことを考えてみよう。タケプロンの特許が満了して、後発メーカーが同じ化学物質を主成分とする後発医薬品を販売する場合、後発メーカーはどのような名前で販売するだろうか。

　IUPAC 名は商品の名前としては不適切である。タケプロンは武田薬品工業の商標であるので後発メーカーは使用できない。特許は 20 年(延長を含めて最大 25 年)であるが、商標に満了期限はないため、商標権は存続する。特許権が満了後も、後発メーカーは効果や作用が同等であってもタケプロンという製品名を使ってジェネリックを販売することはできない。そうなると、必然的にジェネリックメーカーは慣用名、すなわちランソプラゾールというジェネリック名で販売することになる。

　すなわち、ジェネリック医薬品とは、特許満了後には慣用名＝ジェネリック名で販売される薬ということから名づけられている。したがって、ジェネリック医薬品の対義語はブランド医薬品となる。

4.8.2　ジェネリック医薬品の申請について

新薬を開発するにはリード化合物を見つけて、ドラッグデザインをして最適な化合物を探索するだけでなく、その薬に合った製剤の工夫、副作用などの安全性の確認、効果の実証など、特に臨床試験に対して莫大な費用と時間がかかる。特許存続期間中は、独占的な販売により、開発にかかった莫大な費用を回収して、新たな開発投資を促すのに必要な資金を獲得する。しかし、特許満了後には患者に安く提供するべきである、という社会ニーズがある。

ジェネリック医薬品は、このようなニーズに対して設定されたものである。薬の薬価は厚生労働省が決定するが、特許満了してジェネリック医薬が承認されると、薬価は30%程度下げられる。また、ジェネリック医薬の参入を容易にするため、承認される条件は厳しいものではない。

後発メーカーに求められるのは、先発メーカーと化学的に同一な化学物質を主成分とする製剤であることと、投与後の血中濃度がオリジナルの先発薬と同等であることだけであり、臨床試験などによって薬の効果を実証することは求められない。化学成分が同一で、薬物代謝が同一であれば、先発メーカーの薬と同等の効果があるものとして考えるのである。

薬の製造については、先発メーカーが出願した特許明細書に記載されているとおりに行えば製造できるので、高度な合成化学技術は不要である。

また、ジェネリックメーカーは、ジェネリックを製造することに経営資源を集中しているので、新薬の開発や、臨床試験を行うなどの人材を保有しておらず、事業リスクは少ない。ジェネリックは、先発薬によって薬効も安全性も確認されているので、正確に先発薬のコピー品を作ることに経営資源を集中すればよい。

4.8.3　パテントリンケージ

ジェネリックメーカーがジェネリック医薬品の申請を行う場合、先発医薬品をカバーする特許がすべて満了、あるいは無効化されていることが必要である。厚生労働省は、ジェネリックメーカーのジェネリック申請に際して以下の指針

を示している。

- 再審査期間の終了後に申請を行うこと
- その医薬品の有効成分に関する物質特許や用途特許の有無を調べること
- 物質特許や用途特許がある場合には承認後に速やかに製造販売することができることを示す資料を添付すること
- 特許係争のおそれがあると思われる品目の収載を希望する場合には、事前に特許権者である新薬メーカーとの調整を行うこと（いわゆる事前調整手続）

　厚生労働省は、以前はこういった指針を定めていなかったようであり、先発メーカーとジェネリックメーカーとの間で特許係争が頻発した。

　一例として、2005年に起きたセフジニル事件について解説する。ジェネリックメーカーの大洋薬品は、セフジニルの物質特許満了後にジェネリック申請を行い、厚生労働省はジェネリックの製造販売を承認した。ジェネリック薬が承認されたことでセフジニルの薬価が3割低下した。先発メーカーのアステラス製薬は、セフジニルをカバーする結晶多形特許が残存しているので特許権侵害であると主張して、侵害訴訟を行った。最高裁において、結晶多形特許は有効であり、特許権侵害であるというアステラス製薬の主張が認められたという事件である。現在は少なくとも前述の指針が設けられているため、このような訴訟が起こることは防がれるのではないかと考える。

　特許無効審判で特許が無効になった場合（このようなケースはないので推測に過ぎないが）、厚生労働省はジェネリック申請を認める可能性があると思われる。しかし、無効の審決が審決取消訴訟（裁判所）で覆って特許が有効となった場合には、厚生労働省は責任を取らないものと考えられる。

4.9　パテントクリフとエバーグリーン戦略

4.9.1　パテントクリフ

　特許権の存続期間は、通常出願日から起算して20年までであるが、新薬の研究開発には9～17年という長大な期間を要するため、延長制度によって権利

の専有が侵食された期間が補償されたとしても、医薬品特許についての実質特許有効期間（Effective Patent Life、以下 EPL という）は平均で約 11 年といわれている。

　新薬は特許権で独占的な販売が認められているが、市場に浸透するまでに数年はかかる。これは、医者にその効果が認知され、使用方法が確立されるのに一定の時間がかかるからである。しかし、社会的信用が確保されれば、一般的に売上は年々伸びていく。そして、売上が最大になったときに特許権が満了することが多い。特許権が満了して後発メーカーのジェネリック医薬が出現すると、厚生労働省は薬価を下げる。先発メーカーとしては、薬価が下がることで売上が 30% 程度下がるだけでなく、ジェネリック医薬によってシェアを奪われることによるダメージが大きい。このように、特許権の満了によって急激に売上が下がる現象は、その落差の大きさから「パテントクリフ（特許の崖）」と表現されるようになった。一例として、図 4.8 に示す薬は、特許満了後に薬の売上は前年比で 50〜60% 減少している。このため、成功した薬をもつ企業ほど、大きな崖をどう乗り越えるかに頭を悩ませることになる。

クリフ（崖）

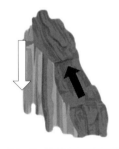

商品名	商品の売上（前年比）	企業全体の売上
リピトール（ファイザー）	3,900 億円（59%減）	5 兆 8,900 億円（10%減）
プラビックス（BMS）	2,500 億円（64%減）	1 兆 7,600 億円（17%減）
ジプレキサ（イーライリリー）	1,700 億円（63%減）	2 兆 2,600 億円（7%減）
セロクエル（アストラゼネカ）	2,800 億円（51%減）	2 兆 7,900 億円（17%減）
エビリファイ（大塚製薬）	2,820 億円（57%減）	1 兆 4,000 億円（15%減）

売上高が徐々に上がっていき、ほぼ最高売上のときに特許満了が起こり、売上高が一気に下落することが起こることのたとえ。

エビリファイ（抗精神薬）

6,400 億円（2012 年） 945 億円（2016 年）

2015 年 4 月に特許満了

図 4.8　パテントクリフの概要

特許の存続期間終了に合わせて新薬を投入することができれば、パテントク
リフを乗り越えることができる。それを達成する経営戦略は重要であるが、本
章では、経営戦略的な視点ではなく特許的な観点からパテントクリフを乗り越
える方法について解説する。

4.9.2　エバーグリーン戦略

　ジェネリックメーカーがジェネリック申請を行うためには、先発薬をカバー
している特許権のすべてが満了しているか、無効になっていることが必要であ
る。製品をカバーする特許が1つでも残っていればジェネリック申請ができな
いことを考えると、医薬品をカバーする特許を同時に出願するのではなく、順
次に出願を行えば、最も遅く出願した特許から20年(または25年)間、製品を
守ることが可能である。

　エバーグリーン戦略とは、製品の特許の寿命をできるだけ伸ばす戦略である。

　先発メーカーがこれまで多く採用してきたのは以下の戦略である。最初に物
質特許を出願して、医薬用途の特許、結晶多形や製剤化の特許などを順に出願
していく。結晶多形の特許とは、医薬品(化学物質)は、結晶化する条件によっ
て色や形状など複数の結晶が存在するが、これを結晶多形という。結晶多形の
種類によって溶解性や安定性が異なるため、医薬品として用いる場合、最適な
結晶多形を決めてから製剤化を行う必要がある。もし、医薬品として用いる結
晶多形に特許権が存在する場合、ジェネリックメーカーはこの結晶多形を用い
ることはできないため、ジェネリックの申請を行うことはできない。その他、
化学物質をデリバリーするのに新規な製剤化技術などがあれば、これを後に出
願することで特許権を延長することができる。

　ジェネリック医薬の参入を防ぐための戦略ではないが、新薬について新たな
医薬用途を発見(ドラッグ・リポジショニング)して、別の新薬として販売する
ことも広義の意味でのエバーグリーン戦略である。化学物質自体は同じである
から製造に関する経営資源をそのまま流用可能であるなど、まったく別の新薬
を開発するよりは低コストである。

　また、経口投与で使っていた新薬について、特許権が満了する前に、投与方法が異なる製剤、例えば注射液剤として展開するという戦略も想定される。この場合も治験などが必要にはなるが、新しい投与方法についての特許出願から20年間、権利を有効に保つことができる。武田薬品工業のタケプロンは経口剤であったが、後に経口投与が困難な患者に注射剤として展開した。また、大塚製薬が経口剤のエビリファイを後に統合失調症の持続性水懸筋注剤として展開しているケースも、広義の意味でのエバーグリーン戦略である。

　医薬用途や投与方法を変えた製剤については、物質特許の満了後は他者でも製造販売が可能であるため、創薬ベンチャーの開発ターゲットとなっている。しかし、オリジナルの医薬品を開発した先発メーカーには、その主成分に対して多くの知見を有しているため、開発に対する大きなアドバンテージを有している。

4.9.3　バイオシミラー

　抗体医薬などの生物学的製剤からなる後発医薬品も、特許満了後は一般名を用いて販売されるので、広い意味でジェネリック医薬品であるが、通常はバイオシミラー医薬と呼び、化学合成品のジェネリック医薬とは区別して扱われることが一般的である。

　低分子化合物について後発品を作る場合、特許明細書などを参考にして化学合成を行い、化学的にはまったく同一の化学物質を作ることが可能である。

　一方、生物学的製剤の特許明細書には遺伝子配列は書かれているが、生物学的製剤は細胞や微生物培養によって製造するため、後発メーカーは培養株を自前で準備する必要がある。そのため、遺伝子的には同一なタンパク質（抗体など）は製造できるが、先発メーカーとの製造方法のわずかな違いによって、純度の違いや微量な変性体などが存在することが想定される。生物学的には完全に同一ではなくて、むしろSimilar（類似）というほうがふさわしいことから、生物学的製剤についての後発品は、バイオシミラーと呼ぶ。

　また、「同一ではなくて類似にすぎないのであれば、薬効は同一ではないの

では」という疑問は当然生まれ、また安全性にも懸念がある。したがって、生物学的製剤の後発医薬品(バイオシミラー)については、臨床試験を行って薬効があることや安全性に問題がないことを、後発メーカーが証明する必要がある。低分子化合物であれば、化学合成技術があればジェネリック医薬を申請して承認を取ることはそれほど難しくなく、費用もかからないため、資本の乏しい企業であっても可能である。しかし、バイオシミラーの場合は、安全性試験や臨床試験を必要とするため、抗体医薬の後発品を対象とすると、100億円規模の費用が必要になるため、ある程度の資本力を持った企業のみがバイオシミラーに参入可能である。

　ただし、バイオシミラーに参入する企業の視点で考えれば、ゼロから新薬を開発するよりは開発リスクが少なく、先発薬と同等の薬効と安全性が証明されれば、先発薬ですでに形成されている巨大市場に参入してシェアを奪うことが可能になる。

4.9.4　パラグラフ IV 証明

　医薬品分野の特異な制度にパラグラフ IV 証明による制度がある。この制度は我が国では導入されていないが、米国、韓国、台湾では施行されている、ジェネリック医薬品を推進するための制度である。以下、米国の当制度について概説する。

　後発メーカーは、通常、特許が満了後にジェネリック申請を行うが、特許が満了する前に「対象の特許は無効にされるべきもの、または法的強制力がないので、後発薬を販売しても特許権侵害ではないという」証明書を FDA に提出しジェネリック申請を行うことが可能である。

　先発メーカーや特許権者は、パラグラフ IV の通知を受けた時点で、特許権侵害訴訟を提起できる。訴訟を提起すれば、30 カ月間はジェネリック申請が停止されるが、訴訟を提起しなければ、ジェネリック申請が認められてしまうので、先発メーカーは必然的に訴訟を行うことになる。そして、裁判所で特許が無効かどうか審議される。迅速化を図るために、訴訟では 30 カ月で結審さ

れることが求められ、無効であることが結審されたり、この 30 カ月間に結審しない場合はジェネリック申請が認められる。

　この制度の興味深い点は、最初にパラグラフ IV 証明を提出し、訴訟によって特許を無効にしてジェネリック申請が認められた会社に 180 日間の販売独占権が与えられるという点である。いち早くパラグラフ IV 証明を出すことにインセンティブを与えて、特許性に疑義がある医薬品があれば、特許を無効であるとしてジェネリックを認めよう、という趣旨と考えられる。

　しかしこの制度は、先発メーカーに対しては厳しい制度である。パラグラフ IV 証明が提出されると、訴訟を提起することが必然になり、そのための費用や人材を投入しなければならない。通常の侵害訴訟の場合、勝訴すれば相手方に損害賠償金を請求できるが、この訴訟では特許が無効かどうかのみが論点で、先発メーカー側には損害は発生していないため、勝訴しても賠償金を得ることはできない。申請する後発メーカー側としては、裁判費用以外の負担はない。また後発メーカーとしては、新薬が上市され、ある程度の売上が期待できる新薬にターゲットを絞って特許無効の調査を行い、無効であると疑わしい程度のレベルで訴訟を提起できる。ローリスクで、うまくいけば他社に先んじてジェネリック薬を販売することも可能になる。したがって、後発メーカーは営業活動よりもむしろパラグラフ IV 証明に経営資源を注力するようになった、といわれている。最近では、後発メーカーは訴訟費用のリスクを軽減する理由で、数社の後発メーカー共同でパラグラフ IV 証明を提出することも行っている。日本の後発メーカーでは、沢井製薬が 2017 年に米国で高コレステロール血症治療薬「リバロ」(一般名＝ピタバスタチン)のパラグラフ IV 証明を提出して、ジェネリック申請が認められている。

　先発メーカーにとっては、パラグラフ IV 証明は酷な制度であるが、これに対する防衛策について考察してみる。ジェネリック申請が認められるには、製品に関するすべての特許を無効にする必要がある。したがって、防衛策としては、重要な医薬品については、なるべく多くの特許によるパテントフォリオを構築することや、権利範囲が狭く排他性のない特許であっても、製品の処方や

構成成分などを確実にカバーし、特許性の高い特許を加えておくことが求められる。

4.10　特許の保護対象でない発明

4.10.1　医療行為

　我が国では、「人間を手術、治療又は診断する方法(医療行為)の発明については、特許を受けることできない」、としている。

　特許法1条は、「この法律は、発明の保護及び利用を図ることにより、発明を奨励し、もつて産業の発達に寄与することを目的とする。」としており、産業上利用可能な発明はすべて特許法の保護対象となる。しかし、医療行為は人の生存や尊厳に深く関わるため広く開放すべき、という人道的理由や、特許権侵害の恐れをもちながら医師を治療に当たらせることは著しく不当、という理由から、「人間を手術、治療又は診断する方法の発明」は、産業上利用可能性を有しないものとして保護対象から除外される。すなわち医療行為は産業には該当しないと考えている。

　一方で、実際には①医療機器・医薬などの物の発明、②医療機器の作動方法、③人体から各種の資料を収集するための方法は、医療行為自体ではなく、産業上の保護の要請も強いことから産業上利用可能性を有するものとされ、特許を取得することが可能である。

　単に人道的な理由から考えると、医療機器や医薬、治療機器や診断装置にも特許権を与えるべきでない、とも考えられるが、PCRのような診断装置に特許権が存在しているのは事実であり、人道的な理由という観点ではうまく説明できない。そこで、どのようなものが特許の保護対象になるのかを具体的に検討してみる。

　特許庁は特許の審査基準において、人間を手術、治療、診断する発明について特許保護の対象になるもの、ならないものを具体的に示している。

　まず医薬品やベクター、医療材料については、産業の保護対象にしている。しかし、医薬品を飲ませたり注射をしたりする方法については特許の保護対象

とはしていない。医療材料とは、例えば人工皮膚のようなものを想定すればよいが、医療材料自体は産業であるので特許の保護対象であるが、それをヒトに移植する方法は保護対象ではないとしている。医療機器は一種の装置であるので特許の保護対象であるが、その装置を用いて診断する行為は特許の保護対象とはしない。例えばMRIやCT装置自体には特許権は存在するが、その装置を使ってガンの診断を行うことは特許保護の対象ではないことで容易に理解できると思う。

医療機器の作動方法について、特許庁の審査基準では図4.9のような事例を想定して説明している。

図4.9では、例として医師がマニピュレータを使ってロボットを遠隔操作し、患者の患部を切開するマイクロ手術ロボットシステムの発明を挙げている。この発明を「マニピュレータから操作信号を受信し、受信した操作信号に基づいてロボットの切開手段が作動するロボットの作動方法」と表現した場合、特許の取得が可能な発明に該当する。図4.9左側に示しているように、医師がマニピュレータを操作する工程や患者の患部を切開する工程が発明に含まれておら

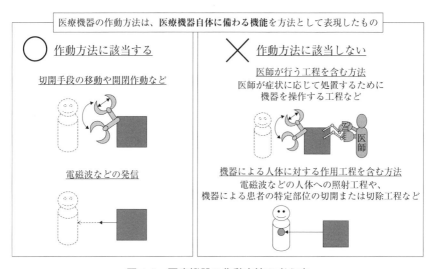

図4.9 医療機器の作動方法の考え方

ず、ロボット自体に備わる機能を表現したものに過ぎないからである。

　一方で、図4.9右側のように「医師がマニピュレータを操作し、マニピュレータから操作信号を受信し、受信した操作信号に基づいて切開手段により患者の患部を切開する方法」と表現した場合、医師が行う工程と人体に対する作用工程を含むため、特許を取得することはできない。

　このような切開手術を行えるのは医師だけであるから、両者は本質的に同じ技術的思想を意味しているが、前者は装置の作動原理を表現しているもので、例えばMRI装置などの発明と同じものと考えられるのに対して、後者は医師が行う行為を含んでしまっているため、特許保護の対象から外れてしまう。このように、特許出願を行う場合は、医師や医療関係者が行う行為を避けて記載することが必要である。産業的な観点で考えれば、上記のような手術ロボットシステムを開発したら、特許を取得して他者の模倣を防いで、独占的な利益を得ることで開発にかかった費用を回収するとともに新たな開発費用を得て、新たな技術革新を行って産業の発展に寄与することは、特許法の目的にかなっている。

4.10.2　医薬の調剤行為など

　特許法第69条第3項では、医薬の調剤行為について、以下のように規定している。

　「二以上の医薬（人の病気の診断、治療、処置又は予防のため使用する物をいう。以下この項において同じ。）を混合することにより製造されるべき医薬の発明又は二以上の医薬を混合して医薬を製造する方法の発明に係る特許権の効力は、医師又は歯科医師の処方せんにより調剤する行為及び医師又は歯科医師の処方せんにより調剤する医薬には、及ばない。」

　このように、薬の調剤行為および調剤行為により製造される医薬に関しては、特許権の効力が及ばないものとされている。

　ある病気を治療するために医師が複数の薬を処方することがある。処方箋を発行するのは医師や歯科医師であり、調剤するのは薬剤師であるが、どの行為

に関しても特許権の効力は及ばないとしている。この特許法第69条第3項が論点となった事件がピオグリタゾン(「アクトス」)事件(2011年)である。この事件について概説しておく。

武田薬品工業が、2型糖尿病治療薬「アクトス」を販売していたが、物質特許は2011年に満了した。武田薬品はアクトスを投与する際に、βグルコシダーゼ阻害剤を一緒に投与すると血糖値の低下効果が高くなることを発見し、「ピオグリタゾン」(一般名)とβグルコシダーゼ阻害剤を含む血糖降下剤として、1996年に特許出願を行い、特許3148973を得ていた。この特許は2016年まで有効であった。

後発メーカーはジェネリック申請が認められ、「ピオグリタゾン」という一般名でジェネリック薬の販売を行っていたところ、特許3148973を根拠として武田薬品工業から特許権侵害訴訟を提起された。その根拠は、後発メーカーが薬に添付した説明書に、βグルコシダーゼ阻害剤と一緒に処方すると血糖降下が高くなることが書かれていたということである。

後発メーカーは「ピオグリタゾン」だけを販売しているが、この説明書を読んだ医師はβグルコシダーゼ阻害剤も同時に処方するから、結果として「ピオグリタゾン」とβグルコシダーゼ阻害剤を含む血糖降下剤が成立するため、特許権侵害であるという主張であった。

しかし、この主張は前述した特許法第69条第3項を根拠として認められなかった。後発メーカーが販売しているのはピオグリタゾンであり、侵害行為があるとすれば、その行為を行っているのは医師または薬剤師である。特許法第69条第3項では医師や薬剤師の行為は免責されているため、この条文を根拠として武田薬品工業の主張は認められなかった。

しかし、「ピオグリタゾン」とβグルコシダーゼ阻害剤を併用すると、効果が増強されることは、特許として認められた有益な知見である。このように2つの医薬品を併用することで効果を増強したり、単独で投与するのと異なる薬効が得られた場合は、これを特許出願しても別々の薬として医師や薬剤師に処方されてしまうと、特許権の効力は及ばないことになる。したがって、組み合

わせるという行為を医師や薬剤師に行わせるのではなく、製造した製薬会社が製品として組み合わせることが有効である。すなわち、2つの成分を1つの製剤として販売すれば、特許権の保護対象となる。

　一例として、米国のOrexigenというベンチャーが販売したコントレーブについて解説する。同社はブプロピオンという禁煙補助剤とアルコール中毒の改善薬を、同時に投与すると抗肥満効果（ダイエット効果）があることを見出して特許を得ている。2成分を1つのタブレットに加工して販売している。確かに、ブプロピオンとナルトレキソンの2つの薬（錠剤）を同時に飲むように医師や薬

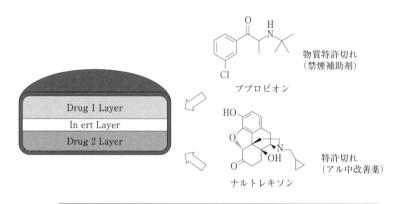

物質特許切れ
（禁煙補助剤）

ブプロピオン

特許切れ
（アル中改善薬）

ナルトレキソン

組合せ医薬特許を有効にするには：2成分を1つの錠剤（タブレット）にする。

コントレーブ（抗肥満薬）
食欲をなくすことで、減量させる薬。

Orexigenという
バイオベンチャー
が開発

武田が
製造販売

組合せ製剤の特許：2030年くらいまで有効
体重減少を引き起こす有効量のブプロピオンとナルトレキソンからなる組成物またはその医薬として許容できる塩組成物で、一度に投与可能な組成物。

組み合わせて新たな効果を得ることでまったく新しい特許が成立。

図4.10　組合せ医薬特許の例：コントレーブ

剤師が処方すれば、ランソプラゾール事件のように特許権侵害は成立しない。しかし、このコントレーブは単に2つの成分を混ぜているのではなく、2つの医薬品の吸収速度などをコントロールした製剤としている（図4.10）。患者が2つの薬をただ飲むだけではダイエット効果を得ることは難しく、また安全性に対するリスクが高いため、医師がそのような処方を行うことは想定しにくい。

4.11　ゲノム編集に関する特許

　最後に、ゲノム編集の特許について概説する。ゲノム編集は我々の生活を大きく変える可能性がある革新的な技術である。ゲノム編集は1996年ごろに開発されたが、最近、具体的な応用技術が確立されてきている。品種改良分野では筋肉細胞の増殖を抑える遺伝子を失わせて肉厚にしたマダイや、血圧の上昇を抑える成分が多いトマト、高収量のイネなどがある。また、養殖網への衝突死を防ぐため、おとなしいマグロも開発されたり、患者自身のT細胞を取り出し、ゲノム編集でCAR遺伝子を導入して大量製造し、それを患者の体内に戻してガンを治療する医薬品であるキムリアやイエスカルタが承認されている。

　ゲノム編集に似た従来の技術として遺伝子組換え技術があるが、これは別の生物から取り出した遺伝子を導入することにより、細胞に新たな性質を付け加える技術である。作物などにも利用され、確立された手法であるが、遺伝子組換えができる成功率は1%以下であるとされ、技術の限界があるともいわれている。

　ゲノム編集とは、簡単にいえば、生物がもつゲノムDNA上の特定の塩基配列を、ねらって変化させる技術である。ゲノム編集技術は、まず、ゲノムDNA上の特定の場所を決めるツール（ガイドRNA：gRNA）と、ハサミの役目をするツール（CAS9）の2つのツールを使って切断する。切断されたゲノムに対して何も行わない場合、通常、生物に備えられているゲノム修復機構によって修復されるが、まれに修復ミスにより突然変異が起こる。この突然変異を利用して生物の性質を変化させ、目的に合った性質をもつ生物を作り出すことができる。この成功率は10%程度とされており、遺伝子組換えに比べて効率的

である。

　また、切断したゲノム部分を他の遺伝子に置換したり、外来の遺伝子にあたる長い DNA を入れることも最近では行われ始めている。

　ゲノム編集技術の最大の特徴は、上述した gRNA と CAS 9 の 2 つのツールであるが、この DNA の二本鎖切断を原理とする遺伝子改変ツール CRISPR-Cas 9（クリスパー・キャスナイン）と総称している。

　CRISPR-Cas 9 の技術については、米国カリフォルニア大学バークレイ（UCB）のグループと、米国 MIT のブロード研究所のグループが、ほぼ同時期に発見している。ノーベル化学賞を UCB のグループが受賞し、MIT のグループは選ばれなかったため、学術的には UCB グループが発見者であることになったが、特許の効力については米国と欧州によって、解釈が異なっている。

　このことを概説すると、先願の地位があるのは UCB グループであり、MIT のブロード研究所が後願であることについての論争は決着している。

　米国特許庁は UCB 特許については、ガイド RNA と Cas 9 によって in vitro[2]で標的遺伝子を特異的に切断したことを最初に実証したことは認めたものの、原核生物による実施例の記載しかないため、この技術が真核生物（動植物を含む）まで応用できるという記載が不十分であるとして、特許の権利範囲を原核生物（大腸菌、乳酸菌、枯草菌など）の使用に限定すべきだとしている。

　そして、米国特許庁は、MIT の特許については真核生物への具体的な実施例が示されているので、原核生物の使用には特許権は及ばないものの、真核生物の使用には及ぶとしている。CRISPR-Cas 9 技術の産業的な応用性を考えると、植物や魚類、哺乳類を含む動物にも権利が及ぶ MIT ブロード研究所がはるかに有利である。

　ところが、欧州特許庁は米国特許庁とは異なる解釈をしている。UCB 特許での記載から、真核生物を含めたすべての生物へ使用することが十分実証されており、原核生物および真核生物の使用について UCB 特許は権利が及ぶとし

　2）　試験管内の実験において、人工的に構成された環境において、という意味。

ている。そして、MIT の特許は真核生物についての使用に限定されるが、先願である UCB の特許に真核生物についての使用が抵触するので、MIT 特許自体は特許性がないという判断をしている。日本では、MIT の特許について、他の先行文献から進歩性がないとして拒絶査定を下している。その結果、日本と欧州については、CRISPR-Cas 9 については UCB 特許がすべての権利を有することになる（図 4.11）。

　まったく同じ特許の内容であっても、審査する国によって解釈が異なることは興味深い。

　CRISPR-Cas 9 は方法の発明であり、現在は大学や研究機関が実施する行為については特許権侵害を問わないという運用がされている。ビジネスとして実施する場合、UCB と MIT・Broad 研のどちらにライセンスをするべきかということも興味深いが、まだ完全に決着していないので、これについての言及は

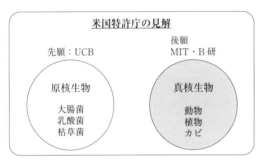

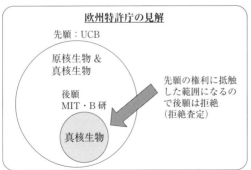

図 4.11　CRISPR-Cas 9 についての各国特許庁の見解

避けたい。以下では、CRISPR-Cas 9技術によって得られた成果物について特
許権が及ぶかどうかについて予想を含めて解説する。

① 　ゲノム編集技術を利用した方法により得られた優れた形質を有する植物

基本特許の権利範囲に入ると考えられるので、ライセンス許諾が必要である。

② 　ゲノム編集技術を利用した方法により得られた特定の物質の生産能が向

上した植物や微生物から精製して得られた特定の物質の精製物

議論が分かれると予想される。

③ 　ゲノム編集技術を利用した方法により得られた薬効評価用のヒト細胞や

モデル動物で評価・スクリーニングした医薬品製品(医薬品)

方法により直接得られた成果物(ヒト細胞やモデル動物)との距離は遠く、物
質的なつながりもないため、そもそも方法による製品と把握するのも困難であ
り、一般に方法特許の効力範囲外となると予想される。

4.12　研究開発のパラダイムシフト

4.12.1　研究開発状況とその変化

(1)　物質特許制度の導入

　日本の製薬産業に物質特許制度が導入されたのは1976年1月1日であり、
このときを境として製薬産業は製法特許から物質特許へと大転換を余儀なくさ
れた。それまでは、医薬品の場合、試薬、溶媒、反応温度、合成工程などを変
更すればよい製法特許であったため、それらの変更程度で欧米で見出された優
れた医薬品(物質)を日本で製造販売することができた。しかしながら、物質特
許制度の導入によって欧米と同様に新規な医薬品を研究開発しなければならな
くなり、製薬産業では、「黒船来航」と称された。このような状況下でも、日
本の製薬産業各社はそれぞれ英知を結集して黒船に立ち向かい、図4.12に示
すとおり、1960年には2品目、1970年には4品目の新規医薬品しか見出せて
いなかったものが、1980年には18品目、1990年には14品目の新規医薬品を
創成することに成功し、以来、2015年ごろまでは米国・スイスに次いで世界
第3位の製薬大国にまで上り詰めた。

物質特許導入後、日本発の新薬が急増

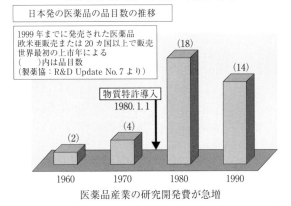

日本発の医薬品の品目数の推移

1999 年までに発売された医薬品
欧米亜販売または 20 カ国以上で販売
世界最初の上市年による
（　　）内は品目数
（製薬協：R&D Update No.7 より）

(18)

(14)

物質特許導入
1980. 1. 1

(4)

(2)

1960　　　1970　　　1980　　　1990

医薬品産業の研究開発費が急増

図 4.12　日本初の医薬品の品目数の推移

(2)　新薬創出の成功確率の低下と AI 導入

　2010 年ごろから、各種の薬効・毒性・副作用に対する試験項目の増大およ
び試験自体の高度化・精密により、従来では新薬創出の成功確率が 20% 程度
であったものが 5% 程度と極端に低くなるとともに、他産業と比較して、研究
開発にかかる期間が従来 10 年程度で充分であったものが 15 年程度と長期化す
るようになった。また、1 品目を研究開発から臨床試験を経て上市するまでに
かかる研究開発費が、他の産業分野と比較して、売上に対して極めて大きな比
率になっている（図 4.13）。特に、生体高分子であるバイオ医薬品（ホルモン、
抗体、再生医療、遺伝子治療など）においてはその傾向は著しい。

　今後、研究開発段階から臨床段階まで AI を導入して、効率化を図る試みが
行われているが、部分的な効率化は認められるものの、現時点では大きな成功
例はまだ見られない。研究開発、成功確率および知的財産の関係について図
4. 14 に示す。

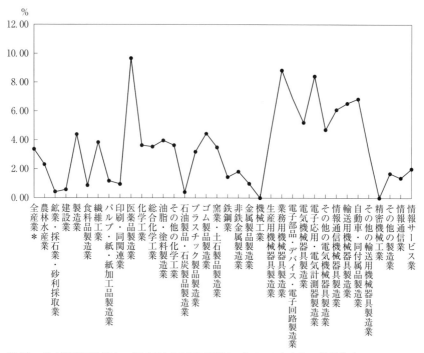

出典）　日本製薬工業協会：「DATA BOOK 2022」、表 A7-6 をもとに筆者作成。

図 4.13　日本の産業別研究開発費の対売上高比率（2020 年）

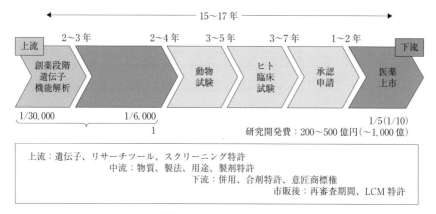

図 4.14　研究開発、成功確率および知的財産の関係

4.12.2 営業戦略・利益構造とその変化

(1) 日本の製薬産業の営業戦略

日本が世界第3位の創薬大国になるとともに、製薬産業は、他の産業に先駆けて、いち早くグローバル展開を果たしている。図4.15左に日本製薬工業協会の会員26社の国内と海外の売上比率を記載しているが、年々海外の比率が伸長しているのが見てとれる。特に、大手5社の場合、2013年には国内と海外の売上比率が逆転して海外が50%を超え、国内よりも海外のほうが多くなった(図4.15右)。海外売上の大部分は、医薬品の世界市場の約50%を占める米国であり、営業戦略の中心は米国に移行し、それに伴って知財についても米国が主戦場になっている。

(2) 製薬産業の利益構造

製薬産業の利益構造は、図4.16に示すように、長期間の研究開発と膨大な先行投資を行ったうえで、成功確率が5%くらいの低さでやっと製品化された後に、4～5年を経てから利益回収して、次の製品のための研究開発に投資し

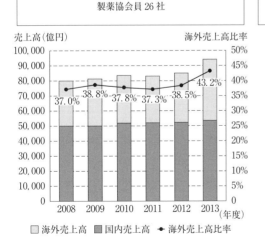

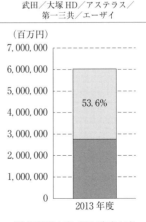

図4.15 製薬企業の売上高推移

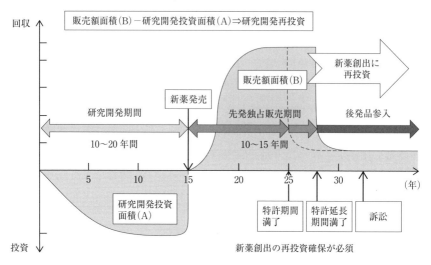

図4.16　医薬品の利益構造の特殊性

てゆかないと、事業として成り立って行かない。また、後述するように、よい製品であればあるほど、というより、米国市場で新製品を販売するなら、まず間違いなく知財問題で訴訟になることを覚悟しなければならない。米国市場で訴訟にならないのは後発メーカーが無視しているような製品のみである。

(3)　米国での新製品上市と後発メーカーとの訴訟

主戦場の米国医薬・バイオ市場では、先発メーカーと後発メーカーとの妥協の産物であるハッチ・ワックスマン法(後述)という法律があり、これによって新製品の上市後5年目で必ず訴訟になるといっても過言ではない。その理由は、図4.16に示すように、特許が無効・満了になったり、あるいは知財訴訟で負けるなどで、ひとたび市場に後発品が参入してくると、米国の民間保険会社は安い後発品を保険対象としてしまう。そのため、先発品が今までもっていたシェアが約80%も失われてしまうことが多く、通常の利益を確保することができなかったり、あるいは次の新しい医薬品を研究開発する資金を回収できなくなったりという事態に陥る。

(4)　ハッチ・ワックスマン法

　ハッチ・ワックスマン法[3]とは、臨床試験などの法令に基づく特許独占期間の侵食(erosion)の回復により、先発メーカーが研究開発費の回収を図る一方で、後発医薬品の簡略申請手続(ANDA：Abbreviated New Drug Application)を大幅に認めることにより、後発メーカーの進出を容易にすることで、両者の利益調整を図った法律である。この特許期間延長制度は、米国特許法第156条に規定され、医薬品の特許の場合、「(IND 届日から NDA 申請日までの期間)×1/2＋(NDA 申請日から承認日までの期間)」[4] の延長期間が5年以下の範囲で許可される。

　一方、米国ではバイオ製品を除く新薬は承認後5年間のデータ保護期間が認められているが、ジェネリックの申請は新薬承認4年後から可能であり、ANDA では、「Paragraph I：特許情報なし」、「Paragraph II：特許はすでに満了」、「Paragraph III：特許満了日を明示して満了後に発売することを意思表示する」、あるいは、「Paragraph IV：特許は無効かまたは申請品は特許を侵害しない」との理由で、後発メーカーが先発メーカーの特許権を侵害をしていないことを明記する必要があり、また、先発メーカーは通称オレンジブックに特許情報を積極的に提供する義務がある。特に、後発メーカーが Paragraph IV で4年目に申請する場合がほとんどで、その場合、必ず先発メーカーと後発メーカーとの間で米国の特殊な司法制度[5]で熾烈な特許係争が展開されることになる。

---

3)　ハッチ・ワックスマン法(特許期間回復法)とは、上院議員の O. Hatch 氏と下院議員の H. Waxman 氏が中心となって、先発メーカーと後発のメーカーのバランスを取るために、1984 年9月 24 日に発効した「Drug Price Competition and Patent Term Restoration Act of 1984」の通称である。

4)　IND(Investigational New Drug：新薬臨床試験開始届(治験届))、NDA(New Drug Application：新薬申請)。

5)　米国では、Jury(陪審員)や Bench(裁判官)による裁判の他に、Discovery(ディスカバリー：証拠の開示)や Deposition(デポジション：証言録取)などの特殊な制度があり、通常、1件の訴訟に数年かかり、費用は 10 億円程度になる。

4.12.3　医薬品のパラダイムシフト

(1)　モダリティのパラダイムシフト

　医薬品におけるモダリティ(医薬品の創薬基盤技術の方法・手段の分類)[6]は、初期段階の天然物・低分子医薬品、次いで、図 4.17 に示すとおり、バイオ医薬品(抗体医薬、ホルモン、ワクチンなど)へとシフトしており[7]、最近では遺伝子関連医薬品・治療法(遺伝子治療、再生医療、ゲノム編集)へと、大きくパラダイムシフトしてきている。今後は AI と連動・駆使した医薬品・治療法が開発されてくるものと期待されているが、具体的な事例は、本書の執筆時点ではまだ発表されていない。

　オリジナル研究が日本発であっても、最終的に海外企業が開発に成功した最近のバイオ製品がかなりあることを表 4.1 に示しておく。最初の発見が日本のアカデミア発であっても、POC(Proof of Concept：概念実証)が得られるまで、日本の製薬企業はなかなか研究開発しないため、最近のバイオ製品においては世界の後塵を排するようになった。それに比較して、欧米の製薬企業は、新しい概念の化合物や新しい作用機序については、早い段階から興味をもちチャレンジングに研究開発に取り組んでくる傾向にある。特に、最近では遺伝子治療・ゲノム編集などにおいてはその感が著しい。

(2)　モダリティに基づく不確実性と技術の複雑性

　現在までの各モダリティについて、構造や合成の複雑性を横軸に、また、技

---

6)　21 世紀に入ってから、抗体医薬をはじめとした各種のバイオ分野の研究が急速に進展し、細胞そのものを治療手段として用いる手法も「医薬」として認められるようになるなど、創薬の手段は急速に広がりを増して大きな分野を形成するようになった。その結果、新しい概念としてモダリティ(modality)という言葉が 2010 年ごろから必要とされるようになった。モダリティとは、低分子薬、抗体医薬、核酸医薬、細胞治療、遺伝子細胞治療、遺伝子治療などといった治療手段の種別のことであり、ひとつのモダリティである核酸医薬の中でもアンチセンス医薬や siRNA 医薬などのように作用機序が異なるものを別のモダリティとして区別する場合もある。

7)　オリジネーター(originatar)とは、一連の動きの起点(オリジン、origin)になる存在のことで、一義的には「考案者」あるいは「創始者」を意味する言葉である。音楽、ファッションあるいは不動産など幅広い分野で使用される用語であるが、製薬産業の場合、先端的技術をもって最初に新製品を創成・上市したメーカーを「オリジネーター(先発メーカー)」と呼び、それに対して後発品を上市したメーカーを「ジェネリックメーカー(後発メーカー)」と呼ぶことがある。

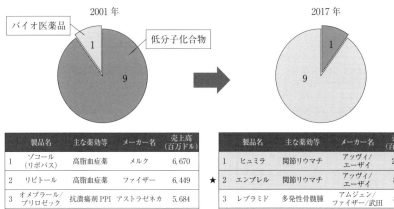

	製品名	主な薬効等	メーカー名	売上高 (百万ドル)
1	ゾコール (リポバス)	高脂血症薬	メルク	6,670
2	リピトール	高脂血症薬	ファイザー	6,449
3	オメプラール/ プリロゼック	抗潰瘍剤 PPI	アストラゼネカ	5,684
4	ノルバスク	降圧剤、Ca 拮抗剤	ファイザー	3,582
5	メバロチン/ プラバコール	高脂血症薬	三共/BMS	3,509
6	プロクリット/ エプレックス	腎性貧血	J&J	3,430
7	タケプロン	抗潰瘍剤 PPI	武田薬品/TAP	3,212
8	クラリチン/D	抗ヒスタミン剤	シェリング・ プラウ	3,159
9	セレブレックス	COX-2 阻害剤	ファルマシア	3,114
10	ジプレキサ	精神分裂病薬	イーライ・リリー	3,087

		製品名	主な薬効等	メーカー名	売上高 (百万ドル)
	1	ヒュミラ	関節リウマチ	アッヴィ/ エーザイ	22,713
★	2	エンブレル	関節リウマチ	アッヴィ/ エーザイ	8,234
	3	レブラミド	多発性骨髄腫	アムジェン/ ファイザー/武田	8,191
★	4	リツキサン	非ホジキンリンパ腫	ロシュ	7,528
★	5	レミケード	関節リウマチ	J&J/メルク/ 田辺三菱	7,172
★	6	ハーセプチン	乳がん	ロシュ/ 中外製薬	7,126
★	7	アバスチン	結腸・直腸がん	ロシュ/ 中外製薬	6,795
	8	アイリーア	加齢黄斑変性症	リジェネロン/ バイエル/参天製薬	6,291
★	9	オプジーボ	悪性黒色腫他	BMS/小野薬品	5,761
	10	プレベナー	肺炎球菌	ファイザー	5,693

アミカケ部分はバイオ医薬品、★印はベンチャーオリジンの医薬品

出典) 厚生労働省:「バイオシミラーを評価するポイントと病院での導入事例」、p.6、2023
年 4 月 10 日閲覧
https://www.mhlw.go.jp/content/10800000/000655559.pdf

図 4.17 創薬動向のパラダイムシフト

術・生物活性の不確実性を縦軸に取り、モダリティのパラダイムシフトを考察
すると図 4.18 のようになり、パラダイムシフトがよく俯瞰できる。

　すなわち、天然物・低分子医薬品の場合は構造が比較的単純であるため、化
学合成により製造することはさほど困難ではなく、一般的に技術面の障壁は低
い。したがって、物質特許が極めて重要であり、権利関係は比較的シンプルで、
実施料も、通常安価なのが特徴である。

　次いでバイオ医薬品(抗体医薬、ホルモン、ワクチンなど)の場合は、構造が
複雑であるため、バイオシミラーと呼ばれる医薬品は存在し得るが、先発品と

表4.1　バイオ医薬品のオリジネーター

医薬品名	対象疾患	種類	企業	大学
アクテムラ（アドリズマブ）	自己免疫疾患	抗体医薬	中外製薬	岸本忠三、平野俊夫大阪大学教授など
ポテリジオ（モガムリズマブ）	成人T細胞白血病リンパ腫	抗体医薬	協和発酵キリン	上田龍三名古屋市立大学医学部教授など
ザーコリ（クリゾチニブ）	肺がん	分子標的薬	ファイザー	間野博行自治医大教授
メキニスト（トラメチニブ）	メラノーマ	分子標的薬	GSK（JTからの導出）	酒井敏行京都府立医科大学教授
オブジーボ（ニボルマブ）	非小細胞肺がん、メラノーマ、腎細胞がん	抗体医薬	ブリストルマイヤーズ、小野薬品	本庶佑京都大学教授

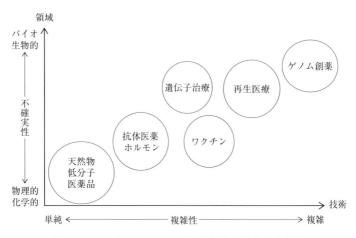

図4.18　モダリティによる不確実性と技術の複雑性

　まったく同じジェネリックは存在し難く、同等性が簡単な試験では証明できないため、コピー製品のためのフル承認試験その他が必要になり、知財以外の参入障壁が存在する。したがって、専門的知識（Know-how など）、製造コスト、データ保護なども重要な要素であり、技術的に複雑なため多数の権利が重畳的に存在するため、多数の実施料が積層された Royalty Stacks が生じて、実施

料がかなり高額になり始める。

　遺伝子関連医薬品・治療法（遺伝子治療、再生医療、ゲノム編集）の場合には、現在、まさに**4.13節**で述べる特許の藪問題が進行中である。今後、時間をかけて状況を見定める必要があるが、物や技術の性質から判断して、バイオ医薬品で生じている、あるいは検討されているような知財を含めた複雑な課題が遺伝子関連医薬品・治療法で顕在化してくることが当然予想されうる（**4.13節**参照）。

(3)　バイオシミラーについて

　バイオシミラー（バイオ後発品）は、**4.9.3項**で述べたとおり、物理的化学的性質を評価する品質特性解析や非臨床試験を実施した後、品質特性でわずかな差異がバイオシミラーと先発バイオ医薬品の間で認められたとしても、その差が臨床的に影響を及ぼさないことを確認するため臨床試験を実施し、先発バイオ医薬品とほとんど同等／同質の品質、安全性および有効性をもつことが保証

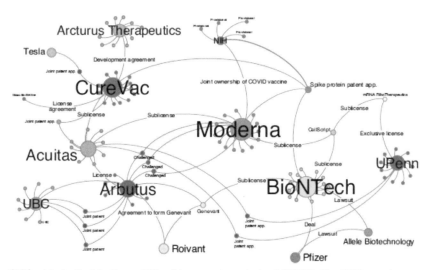

出典）　Mario Gaviria, Burcu Kilic："A network analysis of COVID-19 mRNA vaccine patents", *nature biotechnology*, No. 39, Fig. 1.

図 4.19　Covid-19 ワクチンにおける企業相関図

されればバイオ医薬品として上市することができる。これより、優れた技術と
それに伴う知財を有する医薬品メーカーでなければバイオシミラーを製造する
ことができない。

　参考までに、具体的事例の一つとして、COVID-19(コロナ)のワクチンにつ
いて、昨年の Nature Biotechnology に発表された企業間相関図を図 4.19 に示
しておく。現在、日本で使用されているワクチンの供給会社である BioNTech
(ファイザー)と Moderna(武田)を中心として、CureVac、Arbutus、Upenn な
どが複雑に相関している。

4.13　知財戦略のパラダイムシフト

4.13.1　知財対象の変化

　バイオ分野における発明(特許)の対象は、初期の段階では天然物成分(漢方、
中薬)の抽出・精製・単離により得られた物質およびそれら天然物による治
療・処方であったが、合成化学の発展により天然物成分を合成・修飾すること
によって活性化合物を人工的に作り出した合成低分子化合物およびその製法が
特許の対象の主流となった。その後、制限酵素の発見や細胞融合技術の開発に
よって、遺伝子工学や細胞自体が特許の対象となり、さらにヌードマウスや
ノックアウトマウスなどの実験動物自体も特許の対象となっている。近年では、
ES/iPS 細胞の発見・発明により再生医療が、また遺伝子操作や CRISPR-Cas 9
(4.11 節参照)などのゲノム編集技術が著しく進展して、遺伝子治療、ゲノム
創薬、改変植物・魚類・動物なども特許の対象となってきている。

4.13.2　知財戦略のパラダイムシフト

　医薬品の中でも、従来の分子化合物の医薬品は、原則として、1 つの医薬品
につき 1 件から数件の特許で保護されている。すなわち、低分子化合物の医薬
品の場合、生命線である 1 つの基本特許があり、その周辺を数件の特許で保護
して、どうしても必要な特許だけは部分的に導入するけれども、基本的には自
社の特許権を活用して、他者の参入抑制または他者の排除をすることになる。

したがって、生命線である基本特許のところで負けてしまうと研究開発を途中で中止したり、あるいは市場から撤退せざるを得ないことになったりと、製薬企業が生きるか死ぬかは知財の訴訟次第といっても過言ではない。

それゆえ、製品に対する知財の比重が極めて高く、基礎研究段階でも重要な基本特許は 1 件の出願(1 ファミリー)につき最低 10 カ国くらい、製品化に近い段階では通常 50〜80 カ国くらいの国々や地域に出願して世界中に特許網を構築し、さらに特許期間の延長制度などを活用して、できる限り長期間特許による製品の保護を維持しなければならない。

典型的な知財のイメージを図 4.20 に示す。白地部分が自社技術特許でアミカケ部分が他社技術特許である。

なお、コンシューマー製品(自動車、電機、IT など)は、1 つの製品が数百件、場合によっては 1,000 件を超える特許や実用新案で保護されている。それらのバイオ分野以外の産業分野では、お互いに 100 件くらいの特許権を中心とした知的財産権を 1 束にしてグロスでクロスライセンスする習慣があるため、

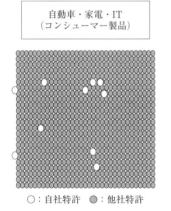

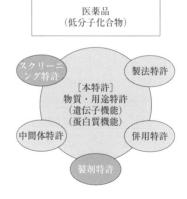

図 4.20　分野別の知財のイメージ

1つの製品が自社の技術・知財(特許、実用新案、Know-how など)よりも他社の技術・知財のほうが断然多い状況になっている。したがって、1つの他社の知財が自社の製品開発を妨げる可能性が極めて低いため、1つの他社製品が一度市場に出てくると、すぐ後を追われ、数カ月後には若干機能アップした製品やデザインを変えた同性能のものが、複数社にわたって出現することになる。

　同様に、濃いアミカケ部分が自社技術特許で薄いアミカケ部分が他社技術特許である典型的なイメージを図4.20に示しておく。

　一方、著しい発展を遂げつつあるバイオ分野では、従来の有機化学や化学工学が研究の中心であったが、次第に幹細胞生物学や遺伝子工学へと移り、最近では幹細胞生物工学、再生医学・組織工学、遺伝子精密工学、細胞工学へとパラダイムシフトしており、産業自体も医薬品産業から再生・ゲノム医療産業へとパラダイムシフトしつつある(図4.21)。

　再生医療分野における研究段階から社会実装までに関与する知財や技術の具体例を図4.22に示す。

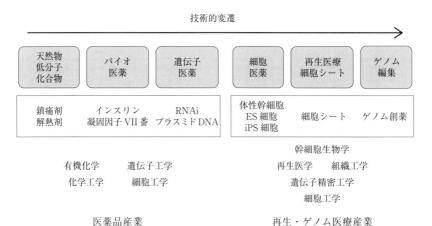

医薬品～再生医療～遺伝子編集へ

技術的変遷

天然物 低分子 化合物	バイオ 医薬	遺伝子 医薬	細胞 医薬	再生医療 細胞シート	ゲノム 編集

| 鎮痛剤
解熱剤 | インスリン
凝固因子Ⅶ番 | RNAi
プラスミドDNA | 体性幹細胞
ES細胞
iPS細胞 | 細胞シート | ゲノム創薬 |

幹細胞生物学

有機化学　　　遺伝子工学　　　　　　　　再生医学　　　組織工学

化学工学　　　細胞工学　　　　　　　　　遺伝子精密工学

細胞工学

医薬品産業　　　　　　　　　　　再生・ゲノム医療産業

出典)　堀友繁監修、田中正躬編著:『幹細胞技術の標準化』、日本規格協会、p.217、2012年を参考に筆者作成。

図4.21　バイオ分野のパラダイムシフト

図 4.22　再生医療分野の知財・技術の具体例

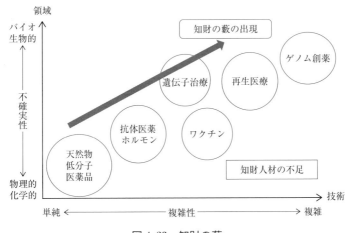

図 4.23　知財の藪

　これらの諸技術に対して、それぞれ知財の保護が必要になるため、いわゆる、
「特許の藪」と言われているように、1つのバイオ医薬品が多数の関連技術分
野の特許網で保護されている状態が生じることになる(図 4.23)。

　そのため、ライセンス交渉が複雑多岐になると同時に、Royalty Stacks が生
じて、ライセンス料が従来に比較して極めて高額になる傾向にあり、約 25%

程度になることもあるといわれている。

　参考までに、具体的事例の一つとして、COVID-19(コロナ)のワクチンの特許権について、2022年のNature Biotechnologyに発表された特許間相関図を図4.24に示しておく。数多くの特許が錯綜しており、「特許の藪」というよりは、もう「特許の密林」という状態になっているのは明らかである。このような状況下であると、1社の知財のみで製品を創成することは不可能であり、特許権を持っているベンチャー・企業などから必要な技術をそれぞれ導入・交換するか、M&A(企業の吸収・合併)するか、あるいは共同研究開発を行うかの方法しかない(後述の図4.27参照)。バイオ製品は人々の健康や生命を守る製品であり、前述のコンシューマー製品とは異なるのが、4.14節「知的財産はどこへ行く」で説明するような知財の新しい概念が出て来る所以である。

出典）　Mario Gaviria, Burcu Kilic："A network analysis of COVID-19 mRNA vaccine patents", *nature biotechnology*, No. 39, Fig. 2.

図4.24　COVID-19の特許権相関図

4.13.3　知財人材育成と人材確保

(1)　知財人材の育成

　知財人材の育成については、毎年、看板のすげ替えのごとく、各省庁で多くのプロジェクトが推進されてきているが、いまだに永遠の課題といえる。

　知財人材を育成するには、知財というものが何を意味しているかを考えてみなければならない。発明・技術があっての知財であり、発明・技術がない知財は単なる抜け殻で、まったく意味をなさない。

　知財は実戦で攻撃にも防御にも使えるツールである。実戦でのツールである限り、どのようなタイミングで攻撃するのか、どのような場面では防御するのか、さらには駆け引きを駆使して交渉をするのか、実戦における修羅場の経験が極めて大切である。

　例えば、図 **4.25** 上はウクライナ製の FORT-12 という拳銃である。この拳

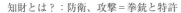
知財とは？：防衛、攻撃＝拳銃と特許

従来の知財
- 写真・実物を見たことがある
  ⇒特許・知財という言葉を知っている
- 射撃場で撃ったことがある
  ⇒特許・知財を出願したことがある
- 分解して部品を調べたことがある
  ⇒特許法を勉強したことがある

フィールドストリップした拳銃(ウクライナ製 FORT-12)

実戦の知財
- 実戦を経験したことがあるか
  ⇒知財で世界戦争(米)を経験したか
- 拳銃の効果(撃つか)を知っているか
  ⇒知財戦略の効果を知っているか
- 狙撃のタイミングを知っているか
  ⇒交渉・訴訟の戦術を知っているか

拳銃を使用する**ネイビーシールズ**(偵察、監視、不正規戦などの特殊部隊)

図 **4.25**　知財とは

銃を見たことがある、射撃場で撃ったことがある、分解して部品を調べたことがある、ということは、知財を知っている、知財を出願したことがある、特許法を勉強したことがある、に相当する。

一方、図4.25下はネイビーシールズ(特殊部隊)である。彼らは、このような知識に加えて、実戦を経験したことがある、拳銃の効果を知っている、狙撃のタイミングを知っている。すなわち、知財で世界戦争(米国訴訟)を経験したことがある、知財戦略の効果を知っている、交渉・訴訟の戦術を知っている、に相当する。

知財人材の育成にあたっては、知財を知っているだけの人材ではなく、知財の実戦を経験した人材が真の人材であると考えなければならない。

真の知財人材という観点からは、特に、バイオ分野における日本の現状は欧米に比べて雲泥の差がある。その主たる理由は図4.26を見れば明らかである。

世界の医薬品市場で約50%を占める米国では、1802年の米国デュポンに始まり、1891年の米国メルク、1905年の米国ロッシュなど、欧州の巨大化学品産業が新大陸の米国市場をめざして続々と参入し、また民族系企業として1849年にファイザーも設立された。米国では政権が交代すると1,000人以上

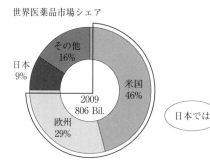

考えられる要因①
　世界市場は米国・欧州が大半を占める

世界医薬品市場シェア

その他 16%
日本 9%
米国 46%
2009 806 Bil.
欧州 29%

考えられる要因②
　グローバルに戦った歴史が浅い

米国メルク	1891年設立 （ドイツメルク　1668年設立）
米国デュポン	1802年設立
米国ロシュ	1905年NY設立 （スイスロシュ　1896年設立）
米国ファイザー	1849年（ブルックリンに設立）

日本では

武田薬品：1993年対アストラ社との米・欧・日
　　　　　世界知財大戦
日本製薬工業協会会員会社約70社のうち、グローバル戦略を展開しているのは、武田、アステラス、第一三共、大塚、エーザイ、塩野義

出典）　IMS World Review, IMS Market Prognosis

図4.26　知財人材の重要性

の優秀な官庁の人材が在野(産業、大学など)に出て、また政権が復活すると元の場所に戻って来る例が多いといわれている。このように、優秀な人材が産学官を 100 年以上にわたってシームレスに移動しているのに比較して、日本にはそのようなシームレスな移動は稀である。しかも、産業としていち早くグローバル展開できたとしても、海外で大規模な訴訟をしたのは武田薬品の 1993 年が最初であり、歴史的にも極めて浅いのが実情である。さらに、電気・機械・IT 産業の大手企業の知財部門の人員が数百人〜千人を超える人材がいるのに比して、製薬産業における知財部門の人員は大手 3 社を見ても国内に 30〜40 人程度いるだけであり、極めて少ない。このように、日本のバイオ部門の知財人材が決定的に不足しているのが実情である。

　ひとくちに知財人材といっても、製薬産業で真の知財人材を教育・育成するためには、通常、調査業務から始めて出願業務、訴訟業務、プロジェクト参加など、最低 10 年程度が必要である。

　知財人材として産業界で要求される人材の能力は、技術、知財、産業が一気通貫でわかる人財であり、

① 　産業化への目利き力:企業にとって有用な研究シーズを識別できる能力
② 　知財の企画力:事業化(社会・企業ニーズ)を見据えた知財戦略を立案・実践できる能力
③ 　技術に対する知力:医薬・ライフサイエンス分野であれば、そこに特化した知識・技術についての能力
④ 　グローバル力:世界市場で戦える戦略・戦術の能力
⑤ 　コミュニケーション能力:大学と企業を結ぶコーディネータ的役割の能力

といわれている。

(2)　知財人材確保の重要性

　前述のとおりの真の知財人材が育成できたとしても、その人材を日本で確保できずに、グローバルに通用する人材であるから、と米国に行かれてしまったら意味がない。人はよく「遣り甲斐のある仕事と報酬・待遇のバランスで動

く」といわれている。すでにスポーツや芸能界などでは、他国出身の優秀な人材を高い報酬を支払って日本にも呼んでいる。また、科学技術分野ではシンガポール、中国、韓国などのアジア諸国が日本の大学教授や技術者なども招聘しているのが現状である。米国がダイナミックに継続的に発展しているのは、世界中から優秀な人材が集まってくる社会システムになっており、常に人材のホットスポット(坩堝)状態だからである。したがって、日本では人材育成と同様に、日本の優秀な人材を確保する、あるいは海外の優秀な人材が集まってくるような社会システムを構築することが極めて大切だと考える。

　毎年毎年、まだ知財人材の育成が必要であるというのであれば、バイオ分野では、人材育成には最低約10年はかかるのであるから、今すぐ、当面、どうすべきかを考える必要がある。

　その方策としては、

①　海外の優秀な人材が東洋の端っこの日本に来てもよいと思うような魅力的な社会システムを構築する

②　日本のバイオ分野の在野にいる数少ない修羅場を掻い潜った知財人材を結集したプラットホームを構築する

③　研究の初期段階からアカデミアと産業界とが強固な連携を構築する

などが考え得るが、今できることから早急に対処することが肝要と考える。

4.14　知的財産はどこへ行く

4.14.1　世界共通資本としての知的財産

　知的財産制度を考える場合、特許法の規定のみに拘泥することなく、最近では国際条約や経済連携協定などをも考慮する必要がある。以下に代表的な条約・協定を紹介する。

(1)　TRIPS協定

　第二次世界大戦の反省から、1947年に「関税及び貿易に関する一般協定(通称：GATT)」が締結され、1948年に発足した(日本は1955年に加入)。この協定の中で、ウルグアイ・ラウンド交渉の結果、1994年にWTO(世界貿易機

関：World Trade Organization)の設立が合意され、1995年1月1日に設立された。WTO協定の付属協定として、GATTの中で知的財産を取り扱っているのがTRIPS(Trade-Related Aspects of Intellectual Property Rights)協定である。TRIPS協定は、WTO加盟国が一律に遵守することが要求される知的所有権(著作権を含む)の貿易関連の側面に関する最低基準を定めた協定である。

(2) 生物多様性条約および(遺伝資源への)アクセスと利益配分

生物多様性は人類の生存を支え、人類にさまざまな恵みをもたらすものである。生物に国境はなく、世界全体で生物多様性の問題に取り組むために、1992年5月に「生物多様性条約(Convention on Biological Diversity：CBD)」が策定され、1993年に発効された。生物多様性条約には、先進国の資金により開発途上国の取組みを支援する資金援助と、先進国の技術を開発途上国に提供する技術協力の仕組みがある。また、生物多様性に関する情報交換や調査研究を各国が協力して行うことになっている。

生物多様性条約の発効以降、微生物などの遺伝資源へアクセスする場合、資源そのものは原産国の知的資産であるから、その国から事前の同意(PIC)を得て、その遺伝資源の利用から得た利益を公正かつ衡平に配分することが求められており、これが(遺伝資源への)アクセスと利益配分(Access and Benefit-Sharing：ABS)といわれている。

2010年10月に名古屋市で開催された生物多様性条約10回締約国会合(COP10)において採択された名古屋議定書は、その後、50カ国の締結を受けて2014年10月12日に発効し、生物多様性条約で示された遺伝資源の利用から生ずる利益の公正かつ衡平な配分がなされるよう遺伝資源の提供国および利用国がとるべき措置が規定されており、世界各国で国内法令などの整備が進められた。日本では「遺伝資源の取得の機会及びその利用から生ずる利益の公正かつ衡平な配分に関する指針」(ABS指針)が策定されている。

(3) 経済連携諸協定

日本を取り巻く経済協定としては、環太平洋パートナーシップ協定(TPP)、地域的な包括的経済連携協定(RCEP)、インド太平洋経済枠組み(IPEF)など

があり、いずれも知的財産の適切な保護が設定されている。

　TPP は、2010 年 3 月の P4 協定(環太平洋戦略的経済連携協定、シンガポール、ニュージーランド、チリ、ブルネイ)に始まり、その後、オーストラリア、カナダ、日本、マレーシア、メキシコ、ペルー、米国およびベトナムが加わり、合計 12 カ国で高い水準の、野心的で、包括的な、バランスの取れた協定をめざし交渉が進められてきた経済連携協定である。トランプ政権の 2017 年 1 月に米国が離脱を表明したが、米国以外の 11 カ国の間で協定の早期発効をめざして、2017 年 11 月のダナンでの閣僚会合で 11 カ国により TPP につき大筋で合意し、2018 年 3 月、チリで「環太平洋パートナーシップに関する包括的及び先進的な協定(TPP11 協定)」が署名された。

　地域的な包括的経済連携(Regional Comprehensive Economic Partnership：RCEP)協定は、2012 年 11 月に交渉を開始し、2020 年 11 月 15 日に署名され、その後、2022 年 1 月 1 日、日本、ブルネイ、カンボジア、ラオス、シンガポール、タイ、ベトナム、豪州、中国、ニュージーランドの 10 カ国について発効し、その後、韓国およびマレーシアが参加した。そして、米国が主導する新たな経済圏構想「インド太平洋経済枠組み(IPEF)」の立上げが 2022 年 5 月 23 日に東京で発表された。2022 年 6 月 1 日時点で、日本を含む 14 カ国が参加を表明しており、参加国間でのサプライチェーン強靭化や脱炭素化に向けた連携強化、デジタル貿易促進や租税回避に向けた国際ルール形成などが想定されており、今後の動向が注視される。

(4)　コロナとバイオ分野の知財問題

　2000 年代に入り、アフリカなど途上国を中心に感染症(特に HIV/AIDS、マラリアおよび結核)が蔓延したが、特許制度により医薬品が高価になったり、コピー薬の生産・使用・輸入などが制限されていたりするといった不満が表明された。HIV の治療薬に関して、先進国の患者は年間 1 万ドルの価格でも買うことができるが、年間所得が 1,000 ドル以下の途上国ではとても買えない。途上国の患者が先進国の医薬品にアクセスできない状況は「医薬品アクセス問題」と世界的にいわれていた。2001 年の WTO ドーハ閣僚会議で、「TRIPS

協定と公衆の健康に関する宣言」(ドーハ宣言)が出された。その後、交渉が行われ、2005年にTRIPS協定が改正され、医薬品を製造する能力がない国々のために、特許権者以外のものが医薬品を生産し、途上国に輸出することが可能となった(いわゆる、強制実施権)。しかし、実際に発効したのは2017年であり、南北間で長期間意見が対立していた。途上国には特許制度も医薬品の生産能力もないのに、この対立が生じたのは、直接的な南北対立ではなく、中程度に発展した国々が、さらに自国の製薬産業を発展させるために特許権の弱体化を意図していためである。

　このように、医薬品の場合、特許が参入障壁として果たす効果は極めて大きい。「特許の崖」(パテント・クリフ、4.9節を参照)といわれるように、特許の期限が切れると後発メーカーが参入し、先行の製薬メーカーの業績は崖から落ちるように下がる(約 −80%)。

　COVID-19のワクチンや治療薬に対して、日本政府は、2020年4月のG7財務大臣会議で、「パンデミックのようなウイルスに対する治療薬やワクチンを、透明性の高い国際的な枠組みの下で途上国も使えるようにしていく特許権プールの創設を提案した。

　日本政府の「特許権プール」構想は、複数の製薬メーカーの治療薬やワクチンの特許権をプールして一括管理するという意味で、エレクトロニクス製品の「パテントプール」のように、複数の特許を使って1つの製品を作るのとは意味が異なるものであり、「特許権プール」構想については製薬メーカーとの交渉で難航が予想されたが、実際には議題のテーブルには上がらなかった。

4.14.2 デジタルヘルス

　2015年ごろから、医療・ヘルスケア分野において、デジタル技術やビッグデータを利活用した、健康管理・服薬管理のアプリあるいはデジタルセラピューティクス(DTx)などの「デジタルヘルス(デジタルメディスンを含む)」が続々と名乗りを上げてきている。臨床開発の膨大なデータを有する製薬産業と独自の強みをもつIT産業などの異業種とが協業して、製薬産業のあ

り方にある種の異次元な影響を与えつつある。

　また、医薬品とは異なり、この分野で組み合わされる個々の要素技術の技術革新速度は極めて速く、上市後も製品の継続的なアップデートが必須であるため、知財戦略については医薬品で考慮されてきた知財産とはまったく異なるアプローチが求められる。医薬品産業の事例を踏まえたデジタルヘルスの知財動向については、医薬産業政策研究所リポート（政策研ニュース No. 67、2022 年11 月）に詳しく記載されているので参照されたい。本項ではデジタルヘルスの知的財産の特徴についてのみ抜粋して紹介する。

　デジタルヘルスの知的財産の特徴は、下記のとおりである。

①　デジタルヘルス関連特許の出願数は近年増加傾向にあるが、その出願の多くはスタートアップ企業が担っている。

　　デジタルヘルス分野を含め、知的財産の多くを生み出しているスタートアップ企業において、「知的財産担当者の不足」および「知財のための資金の不足」を課題として抱える企業が極めて多い。国、省庁、公的機関などを中心に、スタートアップに対する知財関連の支援体制が構築されつつあるが、諸外国と比較して、まだ充分とはいえないのが実情である。

②　デジタルヘルス関連特許の自国外への出願・移行傾向が見られ、特にDTx（米国 DTx 企業）では、近年、出願・移行国の多様化が進みつつある。

③　DTx では、1 製品に対し、複数の主要特許を組み合わせた包括的な製品保護が指向されている。

④　DTx 関連特許の技術分野として、AI 関連技術やビジネス関連発明、IoT 関連技術が特徴的な項目として挙げられる。

⑤　DTx 関連特許の技術内容では、システム（プログラムと装置の組合せ）やその方法に関する技術が主な出願対象となっている。

⑥　表示画面が機能発揮などに重要な役割を果たす場合、画像意匠として権利化し、特許と組み合わせた重層的保護が指向されている。）

　複数の要素技術が組み合わされ、それぞれの技術の陳腐化リスクが高いデジタルヘルス領域では、1 製品に対して、複数の特許や意匠、商標を組み合わせ

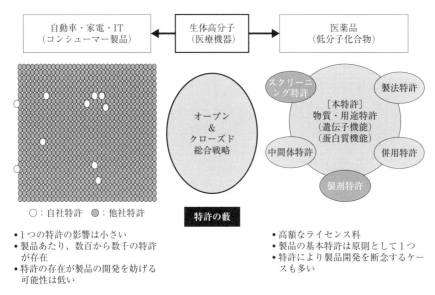

自動車・家電・IT
（コンシューマー製品）

生体高分子
（医療機器）

医薬品
（低分子化合物）

オープン
＆
クローズド
総合戦略

スクリーニング特許

製法特許

［本特許］
物質・用途特許
（遺伝子機能）
（蛋白質機能）

中間体特許

併用特許

製剤特許

○：自社特許　　●：他社特許

特許の薮

- 1つの特許の影響は小さい
- 製品あたり、数百から数千の特許が存在
- 特許の存在が製品の開発を妨げる可能性は低い

- 高額なライセンス料
- 製品の基本特許は原則として1つ
- 特許により製品開発を断念するケースも多い

図4.27　現在の分野別知財イメージ

た重層的な知的財産ポートフォリオの構築が不可欠であるとともに、上市後の継続的な性能変化も見据えた長期視点での知的財産マネジメントも必要である。

　図4.27に示すとおり、デジタルヘルス分野では、バイオ製品の生体高分子、再生医療、あるいは、ゲノム編集技術などと同様に、医薬品産業の製品に対する「クローズ戦略」と自動車産業やIT産業などのクロスライセンスなどによる自社技術の実施許諾である「オープン戦略」を適宜織り交ぜた、「両面戦略」の適切な使い分けが必要である。

4.14.3　新しい判例動向：セントラルドグマのパラダイムシフト

　1474年に発明奨励のため、ベネチアで特許制度のプロトタイプが制定されて以来、

　①　属地主義

　②　独占権（実施許諾権）と排他権（差止請求権）

　③　裁定（強制）実施権

の原則は、その後、17 世紀から 19 世紀にかけて特許制度を導入した西欧(イギリス、フランス、オーストリア、ロシア、プロシャ、オランダ)、米国(1970年導入)、日本(1885 年導入)などにおいても踏襲され、600 年以上にわたって不動のセントラルドグマ(基本原理)となっていた。この制度が導入された主たる理由は、外国からの新技術や資本の導入あるいは技術職人の招聘に好都合であったからである。

　しかしながら、この間の技術革新は目覚ましく、発明の対象も初期の製造法(方法)・機械から、製品・物質(細胞、動物を含む)、データ・プログラム、ネット社会への対応(AI とビッグデータ)などへと大きく変遷し、その都度、特許法を改正して対処してきたのが現実である。さらに、特許対象技術も、人々の生活をより豊かにするための製品(工業機械、コンシューマー製品:家電製品、パソコン、スマホ)から人々の健康・生命を維持するバイオ分野の製品(医薬品、医療機器)まで幅広い分野のものが含まれるようになった。

　このような状況のもと、知財は人類共有の「世界共通資本」であるという考え方が芽生えつつあり、前述の 600 年以上にもわたるセントラルドグマ①～③について見直す動きが出てきている。

　①については、WTO はじめ欧州全体の EU 特許や欧州統一裁判所などの広域的な考え方が、また③については、前述の CBD/ABS やドーハ宣言など人類共通の財産としての考え方がある。

　一方、②については、一般の製品からバイオ分野の製品まで同一に考えてもよいのか、という議論もある。特許権は初期の研究段階から市場での製品段階まで広く権利化されるが、現在の科学技術水準に照らしてみれば分野・領域によって状況がまったく異なる。特に医薬品や農薬の分野では、法令・規則に則った安全性や毒性の試験、その後、臨床や圃場での効果や副作用の有無に関する厳しい試験が義務付けられており、それらの期間は事実上特許権の効力が停止されていると見なして、最大限 5 年間の特許期間延長制度が世界的に採用されている。

　また、特許法における特許期間延長制度とは別に、医薬品の場合、各国によ

り法律・制度は若干異なるが、日本では薬機法(2014 年 11 月 25 日薬事法改正：「医薬品、医療機器等の品質、有効性及び安全性の確保等に関する法律」)により、8 年間のデータ保護期間が設けられており、この期間は最初に申請したデータを他者が使用することはできない。法律上のこれらの処置とは別に、セントラルドグマ②の独占権(実施許諾権)と排他権(差止請求権)について、従来の一体不可分であるという考え方が、米国の最高裁判決で分離する方向に向かった。米国の e-Bay および Merch vs Integra の最高裁判決である。e-Bay の判決では、特許権を自己実施していない場合、実施許諾の権利はあるが差止請求権がないこと、また、Merch vs Integra の判決では、医薬品の場合、ある程度の数の化合物に絞った研究段階からは、特許権(リサーチツール特許)があっても権利が及ばない、すなわち侵害していないと判示している。

　日本では、差止請求権は特許法第 100 条に「差止請求権」が規定されており、特許権が侵害されれば、有無を言わさず、その侵害の停止又は予防を請求することができ、差し止めることが可能である。一方、米国では、差止請求(injunction)については、米国特許法§283. Injunction に「The several courts having jurisdiction of cases under this title may grant injunctions in accordance with the principles of equity to prevent the violation of any right secured by patent, on such terms as the court deems reasonable.」と記載されており、(イクイティの原理に従って)差止を認めることができる、と規定されている。

　イクイティ(Equity)の原理とは、Equity を正確に理解することは非常に難しいが、「裁判官の正義感」、すなわち、裁判官は特許侵害があったとしても、差止を認めるのが適切でない場合は、差止を認めなくても問題はない、というものである。しかしながら、CAFC(United States Court of Appeals for the Federal Circuit：米国連邦巡回区控訴裁判所)は、このような条文の規定にもかかわらず、従来、特許権侵害があった場合には必ず差止請求が認められるべきであると判断をしていた。これに対して、e-Bay 最高裁判決では、差止を認めるかどうかは、以下の 4 つの要件、

①　耐え難い損害(irreparable injury)を被ること

②　その損害は、損害賠償だけでは救済が不十分となること

③　原告・被告双方の困窮程度の均衡(balance of hardship)を考慮すること

④　差止を行っても公益(public interest)が損なわれないこと

に照らして判断する、と判示して、特許権侵害があっても必ずしも差止が認められないということが確定した。

　また、まだ化合物を絞っていない初期の研究段階についても、医薬品の場合、特許権侵害にはならないとする Merck の主張に対して、米国最高裁は判断しなかったため、まだグレーゾーンである。一方、日本においては、特許法第69条の試験または研究の除外規定はあるものの判例はなく、経済産業省や文部科学省から出されている「国費による研究成果に関するガイドライン」があるのみである。

　Merck KGaA v. Integra LifeSciences I, Ltd. の係争に対して、2005年6月13日に出された米国最高裁判所の判決は、全判事一致で CAFC の多数意見を覆して、「実験が IND または NDA に関連する情報を生み出すという合理的な確信がある限り、前臨床研究における特許化合物の使用は、第271条(e)(1)の免責範囲に含まれる」とする、従来よりも広い免責を認めるものであった。CAFC の判決は破棄され、さらに審理を尽くすよう差し戻された。

　この要点は、以下である。

①　第271条(e)(1)の免責対象には前臨床試験も含まれる。第271条(e)(1)の免責条項は、連邦食品・医薬品・化粧品法に基づく開発および情報提供に合理的に関連するあらゆる特許発明の使用に適用されることは明白であり、必然的に FDA(アメリカ食品医薬品局：Food and Drug Administration)に提出するのに適した特許化合物に関する前臨床試験も対象とされる。

②　前臨床試験は GLP(医薬品安全性非臨床試験実施基準)に関する FDA 規則に従って実施される必要はない。

③　対象薬品または実験行為自体が最終的に FDA に提出されなかった場合

でも、第 271 条(e)(1)の免責は適用され得る。

　電気、自動車、IT などの分野では、1 つの製品に非常に多くの特許・実用新案が関与するため、差止請求権が無条件に認められる場合、実施を行わない者(例えば、パテント・トローラー8))でも、たった 1 つの権利を保有するだけで、実際に製造販売する者に対して差止請求権をちらつかせて非常に強い立場に立つことができる。一方、e-Bay 判決のように差止請求権を限定的に認めるようにすれば、実施をしていない者が過度に強い立場に立つことができなくなるので、その点からは e-Bay のような判断は好ましいが、特許権の価値を低減させてしまうため、一所懸命研究開発を行っているベンチャー企業などにとっては不利な判決であると思料する。

　新薬の開発では、最終段階に至るまで実験は試行錯誤であり、当初は有力候補であった化合物が最後まで有効であるかどうかわかるはずがなく、それゆえに実験が行われるのであって、CAFC の判断は現実を無視したものである。なお、最高裁は、リサーチツール特許の使用が第 271 条(e)(1)の免責の対象となるか、あるいは、どの程度免除されるかについては見解を示さなかった。

4.14.4　近未来におけるひとつの知的財産モデル

　ここまで述べてきたように、知的財産は人類の「世界共通資本」とする考え方や技術革新の急速な発展に伴って、分野別・ステージ別・自己実施の有無などで従来の解釈がそぐわなかったりと、その考え方を変える必要が生じてきている。

　近い将来の知的財産を考える場合に考慮すべきファクターとして、以下のこ

---

8)　パテント・トローラー(patent troller)とは、英文の流し釣り漁船からきた言葉であるが、知財の世界では、自らはその権利を実施していない(特許に基づく製品を製造販売したり、サービスを提供したりしていない)が、自らが保持または譲渡により保有している権利を侵害している疑いのある者(主に大企業)に対して、権利を行使して巨額の賠償金やライセンス料を得ようとする者を指す蔑称である。特に、米国の司法制度(ディスカバリーなど)では、弁護士費用を含む訴訟費用について見ると、訴訟費用と同程度以下の実施料を求められた場合には、たとえ裁判で争って勝ったとしても求められた実施料以上の費用がかかることになるため、当初からパテント・トローラーの要求に応じて裁判を回避したほうが損失を抑えることができることになる。

とが挙げられる。

①　権利と活用のバランスをどのように考えるか：商法の一形態である特許法が独禁法を抜けて独占権を与える意義について

②　知的資産としての経済的価値をどのように評価するのか：単に経済的価値を考えるのではなくCBD&ABSの問題も含めて考える必要があるのではないか、

③　先進国と発展途上国の課題(南北問題)をどう解決するのか：先進国の基準で特許制度の新しい植民地を作るのではなく技術移転についても考える必要があるのではないか、

④　国際条約や経済連携協定などをどう取り込むのか

図4.28に知的財産制度のバランスモデルを示したが、結局は、世界共通資本としてのメリットとデメリットのバランスをどのように調整するかによることが重要であり、600年以上も連綿として続いてきたセントラルドグマ①〜③も、近年の急速な科学技術の進展と多様性に合わせて、根本的に考え直す時期に入ったのではないかという見方が広がっている。

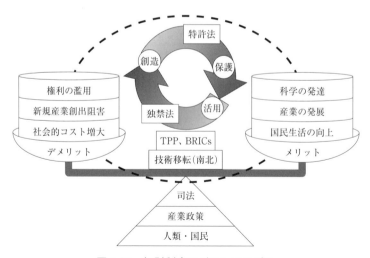

図4.28　知財制度のバランスモデル

第 4 章の引用・参考文献

[1]　日本製薬工業会：「DATA BOOK 2022」、2023 年 4 月 5 日閲覧
　　　https://www.jpma.or.jp/news_room/issue/databook/

[2]　厚生労働省：「バイオシミラーを評価するポイントと病院での導入事例」、
　　　2019 年 10 月 27 日〜2020 年 3 月 7 日、2023 年 4 がつ 7 日閲覧
　　　https://www.mhlw.go.jp/content/10800000/000655559.pdf

[3]　Mario Gaviria, Burcu Kilic：“A network analysis of COVID-19 mRNA vaccine patents”, *nature biotechnology*, No. 39, Fig. 1・2, 2022

[4]　堀友繁監修、田中正躬編著：『幹細胞技術の標準化』、日本規格協会、2022 年

第 **5** 章

AI による知財権侵害の
法的規制の考え方

　人工知能(AI)は創造的な仕事を行えるだけでなく、損害
をもたらす行為をする可能性もある。その中には、情報や
データの処理において他者の知財権を侵害する行為も含まれ
る。したがって、AI が知識の革新を妨げるのではなく、む
しろ促進する役割をよりよく発揮するためには、AI の創造
の成果を保護するとともに、その知財権の侵害活動を法律に
より規制する必要もある。本章では、上記の AI による権利
侵害およびその規制について解説する。

5.1　AI による権利侵害に関する一般的な法律問題

　無人運転車、スマート医療ロボット、スマートホームロボットなどによる生命、身体、健康およびプライバシーなどの、人間の生存利益に対する安全上の脅威と損害に比べ、AI が知財権を侵害するという問題は、これまで十分に重視されておらず、深い理論的研究もなされていない。

5.1.1　AI による道具としての権利侵害と独立した権利侵害

　現段階の AI は自意識をもっておらず、今後長期にわたってもそのような意識をもつこともないであろう。したがって、AI そのものが「意図的に」権利侵害行為を行うことは不可能である。AI が特定の種類の不法行為をして他人に危害を加えるとすれば、設計者がプログラミング中に意図的に設定したり、使用者が操作中に意図的に求めたりした結果に違いない。この場合、AI は人間による侵害の道具にすぎない。AI を道具とする侵害は、一般的な過失による侵害であり、その背後にある行為者の主観的な意図を技術的に証明する必要があるため、普通の道具を用いて行う侵害行為よりもっと複雑である。しかし、権利侵害責任に関する民事法の原則を突破してはいない。

　技術の研究開発が日増しに深まり、進歩するとともに、AI の自主性は高まりつつある。AI は簡単な道具とみなせなくなってきている。たとえ設計者であっても予見できず、コントロールできない行為が実施される可能性がある。こうした想定外の独立した行為が権利侵害行為を構成する場合、誰がどのように責任を負うべきか、現行の法体系における責任規定がそれに十分対応できないところがあるかもしれない。

　AI が人間の想定外の独立した権利侵害行為を生み出す主な原因は、そのアルゴリズムの設計と運用に欠陥があることにある。現在、産業界では、家事や医療、災害復興など、実用的な問題を扱う AI の開発に集中している。こうした技術主義的、機能主義的な AI 技術は、その関数に道徳や法律が含まれていないため、計画の道徳性や合法性には無関心である。

　AI による権利侵害や違法リスクに対応するために、予防と制御の 2 つの異なる道を設計した。1 つは「トップダウン」のルートであり、推論に基づいて道徳的原則を選択、実現し、それに基づいて道徳的原則を遵守するインテリジェントシステムの予防策の構築である。もう 1 つは「ボトムアップ」のルートで、機械学習アルゴリズムに対し AI の行動を導くのに十分な事例を示す制御策の設定というものである。

　第 1 のルートの問題は、人間の道徳観の一部が、感情を感じる能力に由来しているため、このような生物的、本能的反応は、計算や推論の方法で示すことができないことである。第 2 のルートの問題は、たとえ膨大な数の事例を人工知能に与えるとしても、他者との関係で直面し得る道徳的問題をすべて網羅し、意思決定を補助することはできないことである。

　AI がデータベース以外の「新しい」状況に遭遇したとき、「経験」に基づく判断や選択はできないかもしれない。人間の常識を概念化、形式化、アルゴリズム化することも難しい。さらに、AI のアルゴリズム化に道徳的・法的原則を浸透することは難しい。

　道具としての権利侵害であれ、独立した権利侵害であれ、AI が人間を深く憂慮させる問題の一つは、そのアルゴリズムの不透明化である。人々はあらゆる AI 製品を気軽に使い、その便利さや楽しさを享受しているが、ほとんどの人はその仕組みを理解していない。場面によっては、被害がアルゴリズムによるものかどうかを判断できず、ましてやアルゴリズムがどのように書かれているなどもわからない。それだけでなく、AI のアルゴリズムの不透明化は、その自動化された意思決定や行動の説明不可能性によって特徴づけられるため、その AI の設計者や専門家でさえ、AI がなぜそのように行動するのかという理由や論理を説明できない。アルゴリズムの不透明化により、AI による権利の侵害と被害との因果関係を証明することはさらに困難になる。

5.1.2　AI 設計の倫理的・法的規範

　AI に人間と同じような法律遵守や道徳観念をもつことを期待することはで

きないかもしれないが、設計者や使用者に対し適切な行動規範を確立する必要
がある。それによって、既存の技術的条件と予見可能な技術発展を見通し、人
工知能による権利侵害のリスクを事前に可能な限り防止し、低減することがで
きる。

　ここ数年、人工知能技術・産業の活況に伴い、国際社会はロボットを含む人
工知能システム全体の倫理的・法的リスクに広く注目し、いくつかの模範的な
枠組み、規範と基準を策定している。

　その中で、2016年12月、米国電気電子学会(IEEE)は、研究報告書「倫理
的設計(EAD)バージョン1-AIと自動システムと人類の福利の優先のためのビ
ジョン」(Ethically Aligned Design-A Vision for Prioritizing Human Wellbe-
ing with Artificial Intelligence and Autonomous Systems, Version 1 for Pub-
lic Discussion)を発表し、2017年12月にバージョン2を正式に発表した。

　この報告書は、AIと自律システム設計の5つの基本原則を提案している。

- 人権の保護
- 人類の福祉の最大化の促進
- 責任
- 透明性
- 技術の悪用の防止

報告書の第8章「法律」では、人工知能・自律システムの法的地位、政府に
よる人工知能・自律システムの利用における透明性と個人の権利保護、人工知
能・自律システムが引き起こす損害の法的説明責任、人工知能・自律システム
の透明性、説明責任、検証可能性について論じている。

　2017年1月、米国カリフォルニア州アシロマで開催された「BENEFICIAL
AI 2017カンファレンス(人類にとって有益なAIとは何か)」において、テス
ラのイーロン・マスクCEO、ディープ・ソート創設者のデミス・ハサビス氏、
および人工知能・ロボット分野の専門家約1,000人が「アシロマAI 23原則」
に共同署名し、全世界が人工知能を発展させるとともにこの原則を守り、人類
の未来の倫理、安全、利益を共同で保障するよう呼びかけた。この23の原則

は、「科学研究」、「倫理と価値」、「より長期的な問題」という 3 つのカテゴリ
に焦点をあてている。このうち、「倫理と価値」の部分では、人工知能システ
ムの安全性、障害の透明性、司法の透明性、責任、価値観の一致、人間の価値
観、個人のプライバシー、自由とプライバシー、利益の共有、繁栄の共有、人
間によるコントロール、転覆活動の防止、人工知能の軍拡競争の回避の 13 原
則が強調されている。

　2017 年 9 月、国連教育科学文化機関(UNESCO)の一部である「科学的知識
と技術の倫理に関する世界委員会(COMEST)」は、「ロボット倫理報告書」を
発表し、ロボットが倫理的・法的規制にもたらす課題を分析し、具体的な提言
を行った。提言は、「技術に基づく倫理的枠組み」、「関連する倫理原則と価値」、
「ロボットに関する具体的な倫理規範」の 3 つの部分に分けられる。

　「技術に基づく倫理的枠組み」では、ロボットの意思決定、人間の介入、技
術、責任、規制などのいくつかの重要な要素の役割に関する議論について簡潔
に述べている。

　「関連する倫理原則と価値」には、人間の尊厳、自律の価値、プライバシー
の価値、危害を及ぼさないという原則、責任の原則、善意の価値、公平の価値
などが含まれる。

　「ロボットに関する具体的な倫理規範」には次の内容を網羅している[1]。

　①　ロボットコード開発とロボット専門家への提言

　②　価値に敏感な設計に関する提言

　③　実験に関する提言

　④　公開討論に関する提言

　⑤　労働力の再訓練と形成に関する提言

　⑥　交通運輸および自動運転車に関する提言

　⑦　軍用ドローンに関する提言

　⑧　自動化兵器に関する提言

　⑨　監督および警察事務に関する提言

　⑩　民間および商用ドローンに関する提言

⑪　男女平等に関する提言

⑫　環境影響評価に関する提言

⑬　IoT に関する提言

　前述の業界、科学界、公的な国際機関が策定した AI 設計の倫理規範は、起草の考え方や構成部分、具体的な内容に多少の違いはあるものの、主に 5 つの共通する特徴を呈している。1 つ目は、人間の生存、安全、尊厳、プライバシーなど基本的な価値を強調し、AI は人間のよりよい生活のために奉仕するものであり、人間と肩を並べたり、ましてや人間に取って代わったりするものではないことを明確にしていることである。

　2 つ目は、人工知能の設計者、開発者、生産者、使用者などの利害関係者の共同参加を呼びかけるとともに、立法者による全体的な設計と司法機関による合理的な解釈を並行して推進することを主張していることである。

　3 つ目は、現在の人工知能の発展段階と発展水準から、実現可能な技術的解決策を具体的に取り入れ、可能な限り倫理的・法的規範をインテリジェントシステムに組み入れ、それを認識し遵守できるようにしていることである。

　4 つ目は、人工知能システムの運用における透明性を提唱し、その適用記録とデータのトレーサビリティを維持し、可能性のあるリスクと事故の隠れた危険性を適時に開示し更新することを生産者に求めていることである。

　5 つ目は、一定の、特に事前審査や管理監督制度の存在の必要性を強調し、AI が損害をもたらした後の責任配分体系を明確にしていることである。

5.1.3　AI による権利侵害に対する既存の法的規制

　AI 設計の倫理規範が守られない、または機能しないときには、AI による権利侵害の法的責任の負担の問題は難しくなる。この問題を解決するには、次の 2 つの方法がある。1 つは、既存の権利侵害責任制度を直接または拡張して適用することであり、もう 1 つは、伝統を破って人工知能のための特定の法的責任体制を確立することである。

(1)　AI の法的責任

　2018 年 3 月、英国上議院の AI 特別委員会は、報告書「英国における人工知能(AI)：英国は AI を活用し、そして活用できる準備ができているか(AI in the UK：ready, willing and able?)」を公表した。その第 8 章「AI 転用のリスク」の分析については、「法的責任」の議論から始まっているが、この問題については、産業界と法曹界の専門家の間で意見が大きく分かれている。AI が損害をもたらす状況に対応するには、既存の法制度体系ではもはや不十分であるという意見もある。また、AI 製品は既存の法律の枠を超えてはいないという意見もある。さらに、AI に法的な人格を与えるべきかどうかという理論的な論争にも言及している。報告書は最終的に、法律委員会が AI の法的責任の問題に対処するための現行法の妥当性を検討し、この分野での法の適用を明確にするための適切な勧告を政府に提供することを提言している[2]。

　これより前には、「報告：ロボティックスに係る民法規則に関する欧州委員会への提言」草案では、AI による権利侵害に適用され得る現行の法体系として、主に製造物責任制度と代理人責任制度について、より具体的な指摘がなされている。他のいくつかの研究では、動物管理者の責任制度についても言及している。

(2)　AI と製造物責任

　AI による権利侵害に対する製造物責任の適用については、理論上、次の要件を満たす必要がある。

①　AI が「製品」を構成すること

②　AI が消費者による使用過程で実質的に変更されていないこと

③　AI に欠陥があること

④　その欠陥が損害の原因であること

である。これらの要件を分析した結果、AI による権利侵害行為のかなりの部分が製造物責任を適用できないことがわかった。

1)　AI に製造物責任を適用できない理由

　まず、製造物責任制度における「製品」とは、製造または加工され、かつ販

売に供される物品をいう。Amazon が消費者の買い物の好みを分析するために設計した AI システム、個々の主体が自身の特定のニーズに基づいて開発者向けにカスタマイズした AI、および AI 技術を使用して提供されるサービスなど、事業者が自社使用のために開発した AI は、明らかに製品に該当しない。現段階の AI の発展水準を見る限り、一部のエキスパートシステム、単一機能をもつロボット、チェス対戦ソフト、スマート音声システム、画像認識システム、スマート管理システムなどは不特定多数に販売される製品であり、権利侵害行為が発生した場合に製造物責任が適用される可能性を有しているにすぎない。

　次に、製品を構成する AI であっても、消費者が使用中に「実質的に変更」したかどうかを判断することは容易ではない。

　これは主に2つの理由がある。1つ目は、消費者が人工知能を利用するときに、生産者が設定した条件、範囲、順序、構造、組織に従ってデータを入力しているかどうかを他者が知ることが一般に困難であることである。

　2つ目は、人工知能は深層学習や強化学習によって自己進化することが多く、言い換えれば、安定した一定の品質や特性をもつ従来の技術製品とは異なり、常に変化の途上にあることである。

2)　AI の生産者の免責事由

　最後に、AI は急速に発展している新興技術であるため、不完全、不正確、不十分なところが必ずあり、これらの問題のどれが、設計時に予見できたはずの製品の「欠陥」を構成し、かつ確かに損害に至った原因であるか否かを、個々のケースで認定することには少なからぬ困難が伴う。とはいえ、AI が個人向け、カスタマイズ、限定的な使用から、一般化、大規模化、広範な利用へと徐々に移行するにつれ、製造物責任はますます重要な役割を果たすようになるだろう。

　製造物責任の無過失責任の原則を堅持しつつ、まだ揺籃期にある AI 産業の発展を促し、AI 製品の使用者の過度な怠慢行為を防ぐため、次の4つを含む生産者の免責事由を若干設けることが法的に必要である。

① 生産者が AI 製品の使用方法について詳細な説明を行ったが、使用者が
その中の禁止事項に違反した場合。

② 生産者が、AI の潜在的なセキュリティ上の欠陥を十分に目立つ形で警
告し、かつそれに対応する迅速かつ効果的な改善策を提供している場合

③ AI 製品が、その設計が完成した後、市場に出される前に合理的なセ
キュリティ評価を受けており、関連する損害のリスクが評価時に予見でき
ず、かつ生産者は脆弱性を塞ぐための製品の定期的な更新とアップグレー
ドの方法を消費者に提供している場合。

④ AI 製品の使用者が常識に反する、または通常の注意を怠った結果、損
害を被った場合。

(3) AI と動物管理者の考え方

製造物責任全体としては、AI による権利侵害の結果を静的に考察すること
に変わりはないが、法曹界の多くは、主に次の3つの理由から、AI が製品や
事物ではなく、動物に似ているところが多いと考えている。

第1に、人工知能は周囲の環境を認識し、自身の特性や内部状態の基準を変
化させることで刺激に対応することができるという点で双方向的である。

第2に、AI は外部からの刺激がなくても内部状態や特性を修正することが
でき、それによって人間が直接介入せずとも自らの行動を制御することができ
るという点で自律的である。

第3に、AI は自らの特性や内部状態を変化させることでルールを最適化す
ることができるという点で適応力が高い。中国の民法典の理論およびその実践
によると、一般的に動物の管理者とは、動物がもたらす危険を実質的に制御す
る義務を有する者のことをいい、「実際の管理制御」基準は、行為者が動物に
対して実際に管理力と制御力を有していることを強調する。実際の管理力と制
御力の判断は、所有権帰属の要素、意志要素、利益要素、時間要素、空間要素
などを総合的に考慮しなければならない。AI の管理者の決定も複数の要素を
考慮する必要があり、利益要素や技術的要素を重点的に考慮しなければならな
い。

　その意味で、AI の管理者は、その開発者や十分な技術力をもつ使用者であることが多い。しかし、AI による権利侵害の場合、被害者の多くは使用者であり、使用者に管理者としての責任を負わせるのは明らかに公平を欠くという考え方もある。

(4)　AI と代理人制度

　製造物責任の考え方も動物管理者責任の考え方も、AI による権利侵害を客観的立場で解釈するのに対し、代理制度の適用という考え方は、AI による権利侵害の行為を主観的な立場で解釈している。具体的には、人は常に特定の目的のために AI を使用し、AI はその学習能力、動態性、自動化という特徴を用いて、使用者から与えられた特定のタスクを完成することで、使用者と AI との間に「人 – 代理人」の関係が客観的に形成される[3]。

　しかし、AI を代理人として捉えることは、法概念と法の適用の両面において問題がある。まず、代理人は、自らの意思に従って相応の行為ができる一定の能力を備えていることが必須である。多様な AI が示す「知能」の水準はさまざまであるため、法律で統一的な行為能力を定義することは困難である[4]。次に、AI と使用者との間の代理関係は、明らかに類推適用される主従関係であるのに対し、AI は技術的な問題を解決するために設計されるものであり、法律上の意思表示を受け入れ、行うことは想定されていない。そのため、AI が得た代理授権の範囲を判断することができず、人に損害を与えた場合には、本人が責任を負うのではなく無権代理に該当するのか否かが明確ではない。

　最後に、AI が人に損害を与える行為が無権代理に該当することが、本人の指示やその他外部証拠によって確認できれば、やはり誰も法的責任を負うことができないという問題が生じる。

5.1.4　人工知能による権利侵害への法的規制の新たな考え方

　製造物責任制度と代理人責任制度は、一定の状況下では確かに AI による権利侵害に適用できるが、どちらも大なり小なり一定の法的弱点がある。特に、AI による予期しない、制御不能な、独立した権利侵害に対処することができ

ないため、より包括的にこの問題に対処するための新たな制度を立法化する必要がある。以下に4つの考え方を示す。

(1) 集団責任制度

第一の立法の考え方は、AIの開発者、販売者、所有者、賃借人、使用者、管理者などの関係主体が共同で責任を負う集団責任制度を確立することである。現行法の下での権利侵害責任は、過失責任であれ無過失責任であれ、本質的には個人責任を追及することである。過失責任では、行為者の主観的な動機、認識、求めた結果の説明責任が重視される。無過失責任では、特定の行為者のリスクを制御し、リスクの高い活動から最も利益を得る能力が重視される。どちらも比較的単純な論理によるものである。

AIによる権利侵害において、人間、機械、環境の相互作用を特徴づける複雑さとあいまいさに対応することはできないところがある。中国民法において共同権利侵害制度と共同危険行為制度は規定されているが、AIによる独立した権利侵害を、単にその背後にいる人間による意思疎通、因果関係などの責任に帰することは明らかに困難であり、やはり類推的に法律を適用することは不可能である。このような状況において、法律が直接的に複数主体の連帯責任を規定することは、被害者が補償を受ける確実性を高め、損害賠償の負担を分散させることができ、リスク社会の公共政策の志向に沿った立法選択であるといえる。各当事者主体間の内部における責任分担については、法律上、事前の契約上の取決めにより明確にすることを許可しなければならない[5]。もちろん、実質的な公平性を確保するために、個人を主なユーザーとするAIについては、内部の責任分担の観点から、ユーザーの最大割合と開発者・販売者の最小割合を法律で限定し、契約上の合意はその定められた割合を超えることができないようにしなければならない。

(2) 責任財産の設定

第二の立法の考え方は、AIによる権利侵害に対する責任の財産の出所を確定することである。AIによる権利侵害の場合、機械・人の過失や行為と損害との因果関係を判断することは非常に困難であるため、より現実的な法的救済

の追求に目を転じてもよいだろう。法的な制度設計によって、AI による権利
侵害行為の賠償に必要な責任財産をあらかじめ用意しておくというのが、実効
性のある方法である。AI はそれ自身の生命や財産を持たないので、その口座
にある責任資金は、人の資産の分割と特定化からのみ生まれるのである。この
点で、財産法人と信託制度の発展はすでに十分に豊富な制度的経験を提供して
いる。

　まず、AI の開発者または生産者は、発売時に AI を一つひとつ登録し、か
つ必ず一定の責任準備金を納付しなければならないことを法律で明確にする必
要がある。AI がもたらした人的損害のリスクの高さ、損害の大きさを考慮し、
賠償責任準備金が不足する事態を減らすために、購入者に保険加入を義務付け
る強制保険制度の導入が必要である。また、消費者が繰り返し何度も使用する
ことを目的とした AI については、責任準備金や責任保険の不足分をさらに補
うために、使用料の価格決定メカニズムの中で、比較的低い割合で責任補償金
を設定することにより、被害者の包括的救済をより適切に実現することができ
る。

(3)　AI の労働責務

　第三の立法の考え方は、実際には第二の立法の考え方の有益な補完、すなわ
ち、AI による権利侵害の状況で責任を負う方法を開拓し、改善することであ
る。

　例えば、AI に「労働債務」を認めることなどが挙げられる。現代の法治社
会では、人身の自由と強制労働をしてはならないという人権保護の原則に基づ
いて、労働債務は正当化されないため、各国の民事立法によって明確に排除さ
れている。修理・修復、原状回復、謝罪、影響の排除など、積極的な行動を必
要とするその他の民事責任の負担方式も、必ずしも責任者自らが労する必要は
なく、経済的代価を支払う方式、または司法機関が選択した代替的方式によっ
て完成することができる。このような民事責任体系は、自然人の生物学的属性
と人格の尊厳を十分に考慮して設計されているが、AI は、少なくとも現段階
では、立法者にそのような配慮を求めるものではない。AI 自体に責任財産が

ない、または不足しており、その所有者、使用者、開発者、および関係主体が責任を負いたくない、あるいは負うことができない場合に、被った損失を補償するために、AIに対して一定期間サービスの提供を求める権利を被害者に付与することは、この時点でAIが持っている資産は労働力だけであるため、ほとんど唯一の選択肢になる。

労働債務の責任方式も、通常はAIの「意思」に反することはなく、所有者や使用者に対するAIの「忠誠」もSFの中だけの話であり、現実には、AIはアルゴリズムの設計、受け取った指示、得られたデータに基づいてのみ行動する、技術的に中立な存在である。もちろん、労働債務の責任方式は、AIによる権利侵害の問題をより複雑なものにする可能性がある。なぜなら、AIが労働債務の過程でひとたび別の権利侵害行為を犯すと、そこから抜け出せないサイクルに陥ってしまうからである。この場合、強制的な修正、さらには手続きの終了といった責任方式も検討する必要がある。

(4) AIの法的人格の付与

第四の立法の考え方は、一定の条件と一定の範囲内でAIに法的人格を与えるという破壊的なものである。人工知能システムの停止や再プログラミングは、権利侵害に対応するための一時的な解決策に過ぎず、元のAIに対してのみ有効であると考える学者もいる。それぞれのAIは、学習し、経験を積み、自律的に判断することができるため、作られたその日から唯一無二の存在であり、再プログラムされたAIが以前のAIと同じ決定を下すという可能性もある。

このような状況では、AIに権利能力を付与し、それぞれのAIが自らの行動に責任をもつことが根本的な解決策となる。民事法制の発展の歴史から見て、法的人格は倫理的、経済的、道具的と進化を遂げ、AIも時代が新しくなれば道具的人格となり得る。法的人格の本質的な要素という観点からは、AIも自律的な意識と、それに応じた意思表示能力をもつことになる。

もちろん、AIの法的人格は、自然人や法人の人格との単なる類比で限定できるものではなく、人間本位で、人間に奉仕するという現実的な必要性に照らして、独自に策定されるべきものである。このため、法律はAIに統一的な抽

象的な人格を与えるのではなく、その種類、機能、知能の水準に応じて具体的な人格、特に行為能力を決定すべきである。こうすることで、法的人格をもつ人工知能は財産を取得するとともに、自らの行為で義務を履行し、責任を負うことができるのである。

5.2 AIによる知的財産権侵害の法的規制の考え方

5.2.1 AIによる知的財産権侵害のリスク分析

(1) AIによる著作権侵害のリスク

AIはデータや情報の分析に基づく技術である。一方で、著作権を享受する著作物は情報を独創的に表現したものであるため、AIの運用過程には著作権侵害のリスクが存在する。言い換えると、著作物の創作を主な用途とするAIに限らず、どのようなタイプのAIであっても著作権侵害行為を行う可能性があるということだ。もちろん、創作系AIや、機械翻訳、機械読解、質疑応答システムなどの自然言語処理を行うAI、エデュテインメントサービス用の知能ロボットなどは、純粋に技術的な機能を実行するAIよりも著作権侵害が発生しやすい。

1) AIとニュース記事

ニュース記事の作成と伝播におけるAIを例にすると、そのほとんどがインターネット全体での収集、知的クローリング、大量の人間のオンライン著作物のデータ分析による深層学習と再構築、従来のメディアのオンラインからの記事の抜粋、合成、要約、集約による記事形成であり、権利侵害行為の発生は避けられない。

2007年には、ベルギーで「Googleキャッシュ」と「Google News」のスマートロボットに関する著作権侵害の紛争が早くも発生している。「Googleキャッシュ」サービスは、検索エンジンのキャッシュにあるコンテンツに一般の人がアクセスできるようにするものである。具体的には、ネットユーザーはキーワードでウェブページを検索できるが、サイト全体はリアルタイムに処理されず、検索結果はGoogleのキャッシュに振り分けられる。一方、ネットブ

ユーザーは元のページにアクセスしなくても「キャッシュ内蔵」のハイパーリンクでウェブページのコピーにアクセスすることが可能である。

「Google News」は、ビジネス、スポーツ、エンターテインメントなど、さまざまなトピックに関する日々のニュースの概要をコンピュータが生成するもので、そのうち、ニュース記事は、見出し、適用可能な説明的サムネイル、記事の簡単な説明または最初の行、記事が掲載されたページにリダイレクトするハイパーリンク（ディープリンク）で構成されている。また、「Google News」サービスには、ハイパーリンクの「組み込みキャッシュ」が搭載されている。

新聞、ジャーナリスト、研究、教育分野の著作者をそれぞれ代表する3つの著作権団体管理組織である Copiepresse、SAJ、Assucopie による訴訟は、Google 社が上訴した2つのサービスが著作権侵害にあたると主張し、裁判所に差し止め命令を下すよう求めている。裁判の過程で Google 社は、「Google News」はインターネット上で入手できるニュース記事を自動的にインデックス化して機能する特殊な検索エンジンであると主張し、さらにニュースサイトから自動的に抽出された要素は著作権で保護されないと主張した。

裁判所は、「Google News」サービスを提供するために、オリジナル著作物について著作権で保護された部分をコピーして広めたとして Google 社の抗弁を退け、原告の差止請求を支持した[6]。

2) AIと著作物

AIによる著作権侵害は、事実的要素が多く、構造が比較的固定的であり、短いニュース記事のような著作物だけでなく、その他の文学、芸術、音楽、映画・映像、ゲームなど、より美的意味合いや芸術的特徴を有する長い著作物においても発生することも少なくない。文芸作品を制作するためにスマートソフトウェアは、膨大な資料ライブラリをもとに、ユーザーが入力したキーワードに沿って、人名、地名、衣装、人物設定など、さらには物語の筋立て、対立関係、特定の場面などを自動的に生成することができる。

2016年、オランダの ABN アムロ銀行は、Microsoft、デルフト工科大学とともに、「The Next Rembrandt」という人工知能プロジェクトを完成させた。

レンブラントの本物の絵画 346 枚を 3D スキャンした結果、AI は絵画のテーマを以下のように特定した。ひげを生やした中年の白人男性で、白い襟のある黒い服を身に着け、帽子をかぶっていなければならない。なぜなら、これらはレンブラントの原画に共通する要素だからである。目、鼻、口などの顔の特徴も同様に、深層学習で判定する。レンブラントは逝去からすでに 400 年以上経つ画家だが、著作権が保護されている絵画を AI が模倣した場合、権利侵害にあたるかどうかは明らかに争点となるだろう。

　AI による音楽の制作における著作権侵害のリスクは、絵画のそれと似ている。例えば、1980 年代には、デイヴィッド・コープが「音楽知能の実験/Experiments in Musical Intelligence（EMI）」を開発した。EMI はパターンマッチングを原理とし、音楽を非常に小さな断片に分割して分析し、似たような音を探し出して分類する。EMI に十分な量のバッハの曲を入れて実行させ、これらの音楽の特徴を分析して計算し、バッハ風の音楽を書き出すことができるが、一般のリスナーには区別は非常に困難である。1993 年、コープは EMI を用いて制作したバッハ風のアルバム『Bach by Design』をリリースした。

　特定の作家、芸術家または著名な作家を模倣対象とした、創作する AI は、模倣対象の著作権を侵害する可能性が高い。著作権の観点からいえば、AI の創造的特性から、複製権、翻案権、編集権、情報ネットワーク伝達権などの著作権を侵害する可能性が高いと判断される。また、上演権・演奏権、上映権、翻訳権など、その他の財産権も一定の権利侵害リスクがある。

(2)　AI による特許権侵害のリスク

　AI が著作権侵害を構成する前提は、その出力結果としての情報の表現が他人の著作物の複製、編集、翻案または伝播を構成することである。

　ソフトウェア、人工知能技術、およびそれらによって生み出された発明は、関連特許の自動データ分析と機械学習なしには実現できない。したがって、これらの技術は、既存特許の侵害を構成する可能性がある。

　理論的には、特許権侵害のリスクを回避するために、有効な特許技術の情報を、学習する素材ライブラリから除外するように AI システムを設計すること

ができると思われる。しかし、このような考え方には、いくつかの問題点がある。まず、現在の技術水準では、特定の問題の解決を目的とする専用の AI を開発することはまだできない。AI のアルゴリズムに特許権侵害回避の要件を盛り込むことは現実的ではない。

　次に、既存の有効な特許が AI の学習材料から形式的に除外されたとしても、AI が他の先行技術から組合せ、変換を行って完成した技術方案が特許を侵害するリスクはまだある。

　コンピュータや AI の技術分野以外の特許についても、同様に AI による権利侵害のリスクがある。この場合、AI は、それ自体は技術的解決策としては権利を侵害しないが、人間が提供し、またはプログラム設定したタスクを実行するたびに、その技術的解決策の実施は、特許権侵害を構成する可能性がある。具体的には、ユーザーが入力し、または AI が自動的に取り込んだデータに基づいて、AI がアルゴリズムによる問題解決の過程で選択した物質、材料、装置、ツール、方法、構造、手順、およびその配列方式が、たまたま既存の特許と同一または同等である可能性があり、また明らかに複数の既存の特許を組合せまたは変換したものである可能性もある。

　また、人工知能による特許権侵害行為は、方法特許の使用が最も一般的であるが、特許製品または特許方法から直接得られる製品の製造、販売の申し出、販売、輸入など、どの段階でも発生する可能性がある。

　実際に、すでに多くの関連紛争が存在している。例えば、2002 年に米国のファンタジースポーツの財産権会社がスポーツオンライン会社を提訴した事件で、原告が被告に対し、AI を含むゲームソフトの方法に関する特許権侵害を訴えている[7]。

2012 年、シャンハイシャオアイ（上海智臻智能網絡科技股份有限公司）が、同社のチャットボット「小 i」の特許権を Apple 社のチャットシステム「Siri」が侵害したとして提訴した事件は、人工知能による特許権侵害紛争の典型的な事例である[8]。2016 年、鐘德勝与電子科技大学、成都高原汽車工業有限公司、浙江省公安庁との間における特許権侵害紛争において、原告は、被

告3者が製造し警察車両に使用した製品「スマートアイ（智能眼）」が「コンピュータビジョンに基づく追尾防止車載装置」に関する特許を侵害していると主張した事件も典型的事例である[9]。

(3)　AIによる商標権侵害と不正競争のリスク

　AIは「知能」として研究されるため、著作権と特許という2つの知的財産との関係により多くの注目が集まり、商標権や市場競争に対するAIの影響は見落とされがちである。実際に、現在、Eコマース分野はAIの活用が比較的普及している分野の一つとなっており、Amazonやアリババ・ネットワーク・テクノロジー社（阿里巴巴網絡技術有限公司）などの大手が、国内外のAI技術の研究を先導している。調査によると、2020年までに中国小売業における顧客サービスのやりとりの85%が何らかのAI技術によって処理され、またはその影響を受けたといわれている。「00後（筆者注：2000年以降に生まれた人たち）」の70%が、AI技術によって自社製品を紹介するブランドを高く評価し、38%の消費者が、AIがあるときのほうがないときよりも購買時の的確なアドバイスを受けていると回答している[10]。

　ネット経済の波が押し寄せる中、事業者は市場シェアを拡大し、消費者の注目を集め、トラフィックを集め、信用を築き、競争優位性を確立し維持するために、商品またはサービスの販売促進にあらゆる手を尽くしている。AI技術は、こうした商業目的を達成するための重要なツールである。

　まず、AIは、事業者が自社商品またはサービスに適した商標を設計し、使用する手助けをすることができる。このような設計と選択は、コンピュータビジョンなどのAIの知覚能力に基づいており、商標検索のための複数の特徴の重み割当てに遺伝的アルゴリズムを使用することで、従来の商標検索よりも正確かつ効率的に、商標の識別力を高めることができる。

　次に、その他の商標の使用においても、AIは、それを使用する事業者の広告宣伝の支援に全力を尽くすとともに、競合他社の商業宣伝を抑制し、事業者の商品またはサービスを消費者が購入するよう促進する。これには商標権侵害や不正競争のリスクがある。

　例えば、検索エンジンのスマートロボットが、自動分析に基づいて、ウェブ上の類似商品の中で最も人気のある他人の商標をそのユーザーのウェブページの下に埋め、その商標を検索する他の人が誤ってその事業者のウェブページにリンクされるようにすることで、市場に混乱を引き起こす。あるいは、垂直検索サービスの場合、リンク先のサイトの広告をブロックしながら、人工知能ユーザーの商品またはサービスを宣伝するということもある。

　さらには、商業分野における AI は、基本的にビッグデータの何らかの側面をアルゴリズムのベースとして動作させる必要があるため、データの収集、分析、処理、販売、その他の応用サービスの実行の過程で、不正競争のリスクが必然的に生じる。なぜならば、AI が摑み取って利用するデータは、先に競合他社がライセンスを取得し、または加工したデータである可能性が高いからである。例えば、中国のビッグデータ製品における最初の不正競争事件として知られる淘宝(中国)軟件有限公司(以下、「淘宝公司」)が安徽美景信息科技有限公司(以下、「美景公司」)を提訴した事件がある。淘宝公司のデータ分析ツール「生意参謀(ビジネス参謀)」で用いるのは、ユーザーの同意を得て、ユーザーが淘宝公司の電子商取引プラットフォーム上で行った閲覧、検索、収集、お気に入り登録、取引活動の痕跡を記録・収集することで形成される膨大な生データに基づき、匿名化処理を行い、個人情報およびユーザーのプライバシーに関連する派生データを除去したうえで、人工知能アルゴリズムによる高度処理、分析、整合、加工によって形成した、指数型、統計型、予測型などの派生データである。このような商業的データは、不正競争防止法または著作権法で保護されることが望まれている。

5.2.2　AI による知財権侵害への規制モデル

(1)　AI による知財権侵害に対する共通の規制措置

　AI による知財権侵害の法的規制は、まず、人間が AI を道具として使うことによる侵害と、AI 技術による単独的な侵害を区別する必要がある。

　もともと、AI による知財権侵害のリスクは、AI の類型に応じて個別に強制

的な技術基準を設定し、それに対応する法的・倫理的規範を取り入れることで大幅に低減することができる。法的・倫理規範の完全なアルゴリズム化は現実的ではないし、AIは人間のように「同時に2つのことに関わる」ことはできず、パフォーマンスを最大化させて所期の目標を達成しつつ、人間に害を与えることを回避するのだが、それでもこうしたAIの設計基準が必要であることに変わりはない。必然的に権利侵害を引き起こすコードを、開発者が悪意をもって人工知能に組み込むことをある程度防ぐことができ、また、個人の好みに基づいた恣意的な人工知能プログラミングを抑制することもできるからである。例えば、ニュース記事の作成などのクリエイティブロボットに対し、他者の著作物を直接コピーできるページ数を制限するアルゴリズムを設定し、共通の表現要素の借用については、ライブラリ内にあるその表現要素を含む最初に完成した著作物を原典とすることなどが考えられる。

　スマートソフトウェア、スマートシステム、スマートマシンが絶えず出現する今日において、セキュリティや権利侵害の隠れたリスクを低減するために、新しいAIが出現するたびに事前審査を行うことは、コストがかかりすぎて実現不可能である。しかもAIには自動化や予測不可能という特性があるため、事前審査で権利侵害行為の可能性を完全に排除できるわけでもない。

　しかし、AIの開発者や制作者には自己審査を行う義務があることに変わりはない。知財権の分野では、文化・娯楽で用いられるAIは著作権侵害のリスク、技術応用で用いられるAIは特許権侵害のリスク、ビジネスサービスに用いられるAIは商標権侵害や不正競争のリスクをそれぞれ重点的に審査しなければならない。

　まとめると、制御できるAIはできる限り制御するようにし、まったく制御できないAIは一時的に停止し、比較的成熟しているAIは慎重に普及させるべきである。

　AIの応用分野を見てみると、多くのAIは技術的な機能や実践用途が確定していて変わらず、ユーザーが電源を入れたり、ボタンを押したり、コマンドを出したりするだけで自動的に動作するように見える。しかし、AIがもたら

す利便性だけを追求し、その仕組みを十分に理解していないユーザーに対して
は、AIの開発者や制作者は、その運用過程で発生し得る権利侵害のリスクに
対して、やはり明確な警告や適切な説明、対応する実践規範を提供すべきであ
る。具体的には、知財権の分野では、他者の創造的な情報成果を侵害しないよ
う、AIのユーザーはデータを入力するときや、AIにデータのクロールを要求
するときに、合理的な注意義務を果たさなければならない。

　また、AI製品は従来のソフトウェア製品と同様に、常にモデルチェンジが
行われている。毎回のアップグレードの目的は、性能の最適化に加えて、技術
的な欠陥や脆弱性を補うことである。したがって、AIユーザーは、開発者が
インターネットを通じて提供する自動アップグレードサービスを正当な理由な
く拒否すべきではない。それでもなお、AIの権利侵害行為が発生する場合、
開発者は、ユーザーが実行可能な権利侵害停止措置や、開発者自身が遠隔操作
できるような権利侵害措置を提供すべきである。

　AIによる知財権侵害行為によって生じた損害に対しては、そのすべてを補
填する形での財産補償による救済を行う必要があるため、補償に用いる責任財
産の出所は極めて重要になる。現行の法体系の根幹を揺るがすことなく、当面
はAIに権利能力を付与せずに、一定の強制賠償責任保険制度を設けることは
合理的かつ実現可能な選択である。具体的な保険料の額は、労働災害保険の料
率差決定メカニズムを参考にし、AIにより侵害される可能性のある知財権の
類型、権利侵害の発生頻度や重大度、過去の権利侵害の記録などに応じて動的
に調整することができる。

　ここで注目すべきは、強制賠償責任保険は人間の過失行為について責任を負
うものではなく、AIによる独立した権利侵害の事由にのみ適用されるという
ことである。関係する人間主体が強制賠償責任保険の適用を主張するには、す
でに発生したAIによる権利侵害行為の予測不可能性と制御不可能性について
立証責任を負う必要がある。もちろん、被害者に迅速かつ十分な補償を行うと
いう人間中心の考え方から、人間の権利侵害主体が不明である場合、または賠
償責任を負うことができない場合には、強制賠償責任保険金が先に支払われる

こともある。

(2)　AIによる著作権侵害への法的規制

　AIによる著作権侵害への法的規制の第一歩は、権利侵害行為の確認である。著作権司法の一般的な判断規則では、著作権侵害の構成要件は「接触＋実質的な類似性」とされている。「接触」とは、実際には接触の可能性（アクセスビリティ）をいい、必ずしも実際の接触の証拠は必要でなく、一般的に要求されるのは、著作権者の著作物が配布、展示、上演・演奏、上映、放送などの方式ですでに公開発表・提供されているということだけである[11]。したがって、個々の事件において、AIが原告の著作物に接触する機会があることを証明するのは特に困難ではない。

　AIの創作物と原告の著作物の間に「実質的な類似性」があるかどうかを判断することは難しい。AIが関与していない創作物であっても、創作界、法曹界ともにこの問題には疑義がつきまとい、AIの創作方法が人々をさらに困惑させている。ある2つの著作物の間の「類似性」は、直接的、機械的、形式的な意味での複製が存在する場合や、被告作品が無意味な誤りを繰り返し、他者が原告作品を複製できないように意図的に設計されている場合には、容易に認定できる。しかし、文字などの記号のある程度の違いによって、著作物の「実質的な」プロット、内容、構造などが類似しているかどうかを判断する必要がある場合、比較される要素が思想なのか表現なのかという点で、認識の違いが生じる。

　長い間、司法実務においては、著作物の「実質的な類似性」を判断する方法として、主に「全体的概念と感性（total concept and feel）法」と「抽象化・濾過法」の2つを発展させてきた。全体的概念と感性法とは、普通の理性的観察者の内在的な感覚によって、両者が著作物全体として実質的に類似しているかどうかを判断するものである。抽象化・濾過法では、まず、思想、事実、一般的要素など、法的に保護されない部分を著作物から抽象化して分離し、残りの要素について比較を行うものである。

　全体的概念と感性法と抽象化・濾過法には、それぞれ欠点がある。前者は、

独創的でない部分の表現を誤って保護する、または独創的な部分の表現を保護しないということが容易に発生する。したがって、実質的な類似性を判断する方法が1つであることは望ましくなく、具体的な状況に応じて選択するか、または組み合わせるべきである。人工知能創作物の問題に戻ると、人工知能創作物は、大量の著作物から一部の表現を複製し、組み合わせている可能性があるため、ある単一の著作物が実質的な類似性を構成するか否かの判断には抽象化・濾過法を、複数の著作物が実質的な類似性を構成するか否かの判断には全体的概念と感性法を用いるべきである[12]。

　ひとたびAIの著作権侵害行為が確認されたら、関係主体は侵害された著作物の伝達行為をただちに停止しなければならない。具体的には、AI創作物が従来のルートで出版、配信されていた場合、出版社はただちに配信を停止しなければならない。それがインターネット経由で配信されていた場合、インターネットサービスプロバイダはただちにリンクの削除、ブロック、リンク解除などの措置を講じ、スマートフォンアプリサービスプロバイダは必要に応じてアプリの運用を停止、あるいは終了しなければならない。

　AIが他の方式で他人の著作物の上演・演奏および再生を公開した場合、AIの開発者と使用者は、そのような上演・演奏および再生を停止する義務を負う。

　上記の主体およびAIによる権利侵害行為により経済的利益を得たその他の関係主体は、AIによる著作権侵害行為が、自らが設計したアルゴリズムや自らが入力したデータ、自らが提供した素材などの結果として生じたのではなく、AIによる自発的かつ独立した権利侵害行為であることを証明し、強制賠償責任保険で賠償しなければならず、立証できなければ、これらの主体は賠償責任を負わなければならない。AIが、著名な作家や芸術家の創作スタイルの模倣、他人の著作物の断片化・再構成を行う過程で、氏名表示権や改変権などの著作者人格権を侵害した場合は、当該プロジェクトの発起人またはAI創作行為の発案者・操作者を明確にして、謝罪の法的責任を負わなければならない。

(3)　AIによる特許権侵害への法的規制

　AIによる特許権侵害の判断は、まずAI自身による権利侵害と、AIが生成

または実施した他の技術的解決策による権利侵害を区別しなければならない。前者の技術分野は比較的集中しており、コンピュータ技術やデータ処理技術に属する。後者の技術分野は比較的オープンであり、コンピュータ技術以外でもケースごとに判断する必要がある。

　AIが、他人の既存の特許請求項の単なる意味分析や語用変化などによって形成された、いわば「新しい」技術的特徴は、より積極的な経済・社会的効果をもたらさない場合、当該特許の文言侵害と判断することができる。さらに、AIまたはそれが実施した技術的解決策に、どれだけ多くの複雑な情報を新たに加えたとしても、どのようなデータ配列の組合せを尽くしても、それが他者の現有特許の必要な技術的特徴をすべて含んでいる限り、権利一体の原則に基づき、それは当該特許権の保護の対象となり、特許権侵害を構成する。

　AIによる均等侵害行為の判断、特にAIが実施するコンピュータ分野以外の技術的解決策が均等侵害を構成するか否かの判断は、一般的な特許による均等侵害の判断よりも複雑である。均等侵害の判断は、具体的な技術的特徴が「態様＋機能＋効果」の点で均等であるか否かの判断に基づいており、そのうち、機能と効果が均等であるか否かの判断は当業者が行うことができる。しかし、「態様」の均等の判断は、当業者だけに委ねることはできない。AIは、究極的にはコンピュータが実施を補助する一種の技術的手法であるため、コンピュータ分野における当業者でない者にとっては当然の非自明性を有することが多い。したがって、AIによる均等侵害を判断するときは、コンピュータ技術の分野と実施する技術の分野との両方の当業者の意見を併せて考慮すべきである。

　AIそのもの、特にその運用の初期状態での特許権侵害は、本質的には依然として人間の侵害、すなわちそのAIを生産・運用する目的で開発した主体による特許権侵害である。しかし、AIの自己学習、環境やデータの変化に応じて自己修正、自動判断するという特性により、一定期間運用した後の権利侵害は独立性を有する可能性がある。

　AIによって実施される技術的解決策の権利侵害は、AIの開発者と所有者、

スマートデバイスの所有者、人工知能のユーザーと訓練者など、複数の主体が
関与する可能性が高くなる。間接侵害や共同侵害の問題が関係してくると、誰
が人工知能による特許権侵害の主体を構成するのか、さらに混乱することにな
る。このような状況では、ほとんど実現不可能な事実解明に膨大な司法資源を
費やすよりも、前述の集団連帯責任制度を取り入れ、そのうえで、関係主体は、
人工知能による特許権侵害を予見し制御する能力の程度、権利侵害により得た
利益の多寡、および経済力の強弱などに基づき、内部の賠償契約や裁量的な内
部賠償比率を確認するほうが望ましい。もちろん、連帯賠償責任を負ういかな
る主体も、AIによる特許権侵害行為が人間の過失とは無関係であり、完全に
自身の制御不能な独立した行為であることを証明できれば、強制賠償責任保険
金で賠償することができる。

　AIによる特許権侵害行為が全体現象の発生として不可避であるにもかかわ
らず、各AIの具体的な利害関係者、特に開発者と所有者は、被害者やその他
の第三者主体よりも、当AIによる権利侵害行為を予見、制御、停止、軽減す
る能力があるという点である。そのため、これらの主体は、人工知能による特
許権侵害を防ぐための合理的な注意義務を負っている。例えば、オンライン環
境において、クラウドコンピューティングシステムのインテリジェント化が進
む中、開発者や通信事業者は、特許権侵害の発生を防ぐために一定の技術的措
置を講じることが義務づけられている[13]。

(4)　AIによる商標権侵害および不正競争行為への法的規制

　商標法に定められた信義則に基づき、AIによる商標権侵害行為を減らすた
めに最も重要な措置は、AIが設計し、商標として使用するために選んだ標識
について、事業者は商標登録出願をして、AIがマシンエラーまたは人間の側
の関連公衆の注意力と異なることが原因でフィルタリングできなかった他者の
登録商標に類似する標識を、審査手続きによって除外することである。他者の
先使用により一定の影響を有する未登録商標、または事業者の提供する商品も
しくはサービスと関連性が高く、かつ他者の合法的権利が先行する標識につい
て、事業者は、それらをAIが直接参考にし、利用し、設計する可能性のある

商標の範囲からあらかじめ除外しておくべきである。インターネットとAIを利用して商品またはサービスを販売するという特殊性を勘案し、一定の混同の可能性があることを司法的に認め、それによりAIを通じて商品またはサービスを販売する事業者が商標を慎重に選択し使用するよう促すべきである。

　AIの不正競争行為について、まず、関連事業者は、新しいビジネスモデルの出現に伴い、ネットワーク競争に関する若干の業界規範と自律的な合意を絶えず確定し、改善して、それらを「中華人民共和国不正競争防止法」の一般条項に定める信義則と「商業道徳」を具体化、特定化させるものとし、人工知能がこれらの規範と合意に従っているかどうかを、不正競争を構成するか否かを判断する主要な根拠とすべきである。

　例えば、検索エンジンサービスプロバイダは、ウェブ情報サービスプロバイダと締結した合理的なロボット排除プロトコルを遵守すべきであり、検索ロボットがウェブ情報サービスプロバイダおよび関連事業者の合法的な財産権益の盗用、ただ乗りまたは冒瀆の行為を故意に手配、放置し、または過失により引き起こしてはならない。

　次に、データ法制によって、ネット経済に関連する生データの限定公開と合法的な使用を早急に促進すべきである。市場競争では、事業者が人工知能を利用して分析する生データの大部分は、分散した個々の消費者からもたらされるものである。したがって、消費者が事情を知っていること、および消費者の同意を前提として、それらの生データは、匿名化処理が施された後、さらに加工される前に、事業者には、人工知能を通じて生データについて深く理解し、商業的に利用する機会が平等に与えられるべきであり、単独または少数の事業者によって独占されるべきではない。こうすることで、他者が加工した二次データを用いた不正競争行為を大幅に抑制することができる。

　アルゴリズムのブラックボックス的な特性から起こり得る悪影響や損害の結果を最小限に抑えるため、AIの適用プロセスの透明性を高めなければならない。現在の法体系の下では、AIのソースコードは営業秘密や著作権保護の対象として扱われることが多く、また企業にとっては、外部の主体が技術者であ

れ一般市民であれ、接触および入手できない競争力のあるリソースと見なされ
ている。しかし、オンラインビジネスの世界では、これらのコードが常に消費
者の購買意欲を左右することから、消費者がこれらのコードの技術的な意味を
理解することを望まず、また十分な専門知識をもっていないとしても、事業者
は広告宣伝、情報のフィルタリング、商業的評価などにおいて、コードがどの
ように機能するかという動作原理について消費者に十分な説明を行うべきであ
り、強制的または秘密裏に消費者のために選択を行うのではなく、消費者に自
己決定権を返すべきである。また、事業者は、消費者の利益と適切な市場競争
秩序を守るために、事業者の AI 利用行為を外部から制約できるよう、AI の
ソースコードを、関連する管理監督部門に提供すべきである。最後に、事業者
が使用する AI は、特定の競合他社の製品またはサービスを妨害し、干渉し、
または自動化運用の過程でこうした単一用途を提示するためだけに意図的に設
計されたものであってはならない。

第 5 章の引用・参考文献

［1］　COMEST："Report of COMEST on Robotics Ethics", Paris［Z］, 2017.
［2］　House of Lords. Select Committee on Artificial Intelligence："AI in the UK：Ready, Willing and Able", Report of Session, 2017, 19：95-98.
［3］　Suzanne Smed："Intelligent Software Agents and Agency Law［J］", *Santa Clara High Technology Law Journal*, 14(2), 505. 1998.
［4］　陳吉棟：「ロボットの法的人格について――法解釈学に基づく考察」、『上海大学紀要(社会科学版)』、35(3)、78-89、2018 年
［5］　Bridget Watson："A Mind of Its Own-Direct Infringement by Users of Artificial Intelligence Systems", IDEA, 58(1), 83.
［6］　Philippe Laurent："Copiepresse SCRL & alii v. Google Inc. e In Its Decision of 5 May 2011, the Brussels Court of Appeal Confirms the Prohibitory Injunction Order Banning Google News and Google's "In Cache" Function", Computer Law & Security Review, 201L 27(7), 542-545.
［7］　Cir. 287F. 3d 1108［Z］. 2002.
［8］　「上海市第一中級人民法院滬一中民五　(知)初字第 186 号民事裁定書」、2012
［9］　「成都市中級人民法院川 01 民初 1759 号民事判決書」、2016

［10］　Lee Curtis, Rachel Platts：“AI Is Coming and It Will Change Trade Mark Law”, Managing Intellectual Property, 271：10, 2017.

［11］　陳錦川：『著作権侵害訴訟における立証責任の分配』、人民司法、77-80, 2007（5）

［12］　王曉巍、インテリジェント編集：『人工知能ライティングソフトウェア使用者に対する著作権侵害規制』、中国出版、49-52, 2018（11）

［13］　唐春：「クラウドコンピューティングモデルの特性を踏まえた知的財産保護の新たな問題の検討」、『電子知的財産権』、38-42, 2011（12）

索　引

編著者紹介

森　康晃（もり　やすあき）　全体編集、序文担当

　早稲田大学創造理工学部教授、早稲田大学次世代ロボット研究機構 AI ロボット研究所　招聘研究員

　1954 年生まれ、1977 年早稲田大学政治経済学部卒業。

　1977 年通商産業省入省、1978 年資源エネルギー庁長官官房参事官室、1987 年在オランダ大使館一等書記官、1994 年日中経済協会北京事務所長、2001 年内閣府物価政策課長、2002 年早稲田大学院国際情報通信研究科客員教授、2006 年早稲田大学理工学部教授を経て現在に至る。専門は、知的財産マネジメント。

著者紹介（五十音順）

秋元　浩（あきもと　ひろし）　第 4 章共同執筆担当

　知的財産戦略ネットワーク㈱(IPSN)代表取締役社長、東京大学大学院講師、バイオインダストリー協会知財委員会委員長、LSIP 合同運営会社職務執行者

　1970 年東京大学博士課程修了。

　1970 年ペンシルヴァニア大学職員、1972 年武田薬品工業㈱入社・化学研究所配属、抗生物質・抗癌剤の創製に成功、1992 年創薬第 3 研究所長、1994 年特許部長、2000 年取締役、2003 年常務取締役、2006 年経営会議委員、2007 年退任、2009 年 IPSN・2010 年 LSIP 設立、各種政府委員・大学など講師を歴任。

川端　兆隆（かわばた　かずたか）　第 4 章共同執筆担当

　㈱メドレックス　事業開発部　知財担当、弁理士、薬学博士、中小企業診断士、薬剤師

　1958 年生まれ、1981 年大阪大学薬学部卒業、1986 年大阪大学大学院博士課程修了。

　1987-1990 年イリノイ大学博士研究員、1990-1993 年大成建設生物工学研究所、1993-2006 年㈱海洋バイオテクノロジー研究所主任研究員として海洋天然物化学の研究に従事。2006 年弁理士登録、大手法律事務所勤務を経て、2008-2018 年産業技術研究所の TLO、知的財産部、ベンチャー開発センターで技術移転やスタートアップ企業の知財支援・知財コンサル業務などを行う。2010-2018 年日本弁理士会関東支部副支部長・茨城委員会委員長。2018 年より創薬ベンチャーのメドレックスの社内弁理士として知財業務全般を担当。2021 年中小企業診断士登録。

國光　健一（くにみつ　けんいち）　第1章執筆担当

デロイト トーマツ ファイナンシャルアドバイザリー合同会社　パートナー、弁理士、早稲田大学非常勤講師

東北大学工学部卒業、東北大学大学院工学研究科修士課程修了、Washington University in St. Louis Olin Business School（MBA）修了。

国内大手電機メーカー、国内大手コンサルティングファームを経て、2014年にデロイト トーマツ ファイナンシャルアドバイザリー合同会社に参画。2018年より同社の知的財産アドバイザリー部門を統括。知財戦略立案、知財デューデリジェンス、知財価値評価などの知的財産に係るコンサルティング業務に従事。

宋　翰祥（そん　かんしょう）　全体編集

㈱カーボンサイファー　Co-Founder

1993年生まれ、2021年3月東京大学大学院修士課程を修了。

大手の外資系環境事業会社に入社、日本国内での最大級プラスチックリサイクル工場の立上げを担当した。その後、気候変動の問題解決に向け、二酸化炭素排出量可視化、取引事業に関する起業を行い現在に至る。

戚　昊輝（ちい　こうき）　全体編集

1992年生まれ、2017年9月明治大学グローバルビジネス研究科経営管理修士課程を修了。修士（MBA）学位を取得。

2018年4月に三菱自動車工業㈱に新卒入社し、海外営業業務に就任。2020年3月に支点教育㈱を立ち上げ、中国人留学生に向けた大学（院）進学指導サービスを提供して、現在に至る。

野田　真（のだ　まこと）　第3章執筆担当

川崎重工業㈱ 企画本部 顧問、Legato㈱（内外スタートアップ企業コンサルタント）代表取締役 CEO、Serendipity Asia㈱（アジアのコト・モノを価値化）取締役 Chief Innovation Officer

1960年生まれ、1983年京都外国語大学外国語学部中国語学科卒業。

1992年川崎重工業北京代表所首席代表。2008年ガスタービン極東営業課長。2011年営業推進本部中国部長。2013年理事・海外総括部長。2017年理事・イノベーション部長。中国駐在計13年、業界屈指の中国通、現地化を推進し、事業規模を拡大。イノベーション組織を本社内に立ち上げ1300社以上と接触、オープンイノベーションおよび新規事業制度を立案・推進。

濱田　智久(はまだ　ともひさ)　第1章執筆担当

デロイト トーマツ ファイナンシャルアドバイザリー合同会社　シニアアナリスト

2010年慶應義塾大学経済学部経済学科卒業、2012年一橋大学商学研究科経営学修士(MBA)コース修了。

知的財産権マネジメント企業調査部門、国内大手コンサルティングファーム戦略部門を経て、デロイトトーマツファイナンシャルアドバイザリー合同会社に参画。AI倫理、知財戦略立案・知財管理、経営管理・業務改革などの支援案件に係るコンサルティング業務に従事。AI関連著作に「2022年の業界展望と予測　日本版『AIの価値を経営へ組み込むために』(“Technology, Media and Telecommunications Predictions 2022”)」(共著、デロイト トーマツ グループ)がある。

馮　超(ふぉん　ちゃう)　第5章執筆担当

泰和泰(北京)法律事務所シニアパートナー弁護士、国際業務部主任。

2003年中国外交学院国際法学部卒業、法学修士取得。2014年米国デューク大学法学修士(LLM)取得。

2002-2004年日本貿易振興機構北京センター入所、知的財産部所属。2004-2021年、米国ベーカーアンドマッケンジー法律事務所、金杜法律事務所、万慧達法律事務所などで弁護士、顧問、パートナーなどを歴任。2017年より中国最高人民法院案例指導基地諮問専門家、中国版権協会常務理事、日本貿易振興機構コンテンツ研究員、国際商標協会INTA中国委員会委員、北京市弁護士会不競法・独禁法委員会委員を兼任。

藤末　健三(ふじすえ　けんぞう)　第2章執筆担当

東京大学大学院情報学環・学際情報学府客員教授、慶應義塾大学経済学部特任教授。

1964年生まれ。1986年東京工業大学工学部情報工学科卒業。マサチューセッツ工科大学(MIT)およびハーバード大学ケネディスクールにて修士号をそれぞれ取得。東京工業大学大学院および早稲田大学にてそれぞれ生産管理および国際情勢分野の博士号をそれぞれ取得。

東京大学工学部助教授、中国精華大学客員教授、早稲田大学未来イノベーション研究所客員教授、東京理科大学上級特任教授、東京大学大学院情報学環・学際情報学府客員教授、慶應義塾大学経済学部特任教授、インド工科大学ハイデラバード校 Adjunct Professor、シンガポール国立大学 Asian Institute of Digital Finance (AIDF) Expert Adviser、韓国科学技術院(KAIST)Adjunct Professor、オックスフォード大学 Oxford Internet Institute (OII) Visiting Policy Fellow などを歴任。

また、通商産業省(現経済産業省)官僚として13年間、参議院議員として18年間政策立案に携わり、参議院総務委員長、総務副大臣、郵政担当副大臣を歴任。

AI時代の知的財産・イノベーション

2023年7月29日　第1刷発行

編　者	早稲田大学次世代ロボット研究機構 AIロボット研究所　知的財産・ イノベーション研究会 森　康晃
著　者	秋元　浩　　川端兆隆　　國光健一 宋　翰祥　　戚　昊輝　　野田　真 濱田智久　　馮　超　　　藤末健三
発行人	戸羽節文

検　印
省　略

発行所　株式会社 日科技連出版社
〒151-0051　東京都渋谷区千駄ヶ谷5-15-5
DSビル
電話　出版 03-5379-1244
営業 03-5379-1238

Printed in Japan

印刷・製本　㈱三秀舎

© Yasuaki Mori et al. 2023
ISBN 978-4-8171-9779-5

URL https://www.juse-p.co.jp/